Menyembah dalam Roh dan Kebenaran

Penyembahan Rohani

Dr. Jaerock Lee

*"Tetapi saatnya akan datang dan sudah tiba sekarang,
bahwa penyembah-penyembah benar akan menyembah Bapa dalam roh
dan kebenaran; sebab Bapa menghendaki penyembah-penyembah demikian.
Allah itu Roh dan barangsiapa menyembah Dia,
harus menyembah-Nya dalam roh dan kebenaran."*
(Yohanes 4:23-24)

Menyembah dalam Roh dan Kebenaran oleh Dr. Jaerock Lee
Diterbitkan oleh Urim Books (Representatif: Seongnam Vin)
73, Yeouidaebang-ro 22-gil, Dongjak-gu, Seoul, Korea
www.urimbooks.com

Semua hak cipta dilindungi. Buku ini atau bagian dari isinya tidak boleh diproduksi ulang dalam bentuk apapun, disimpan dalam sistem penarikan, atau disebarkan dalam bentuk apapun atau secara elektronik, mekanik, fotokopi, rekaman atau lainnya, tanpa meminta ijin sebelumnya dari penerbit.

Hak Cipta © 2018 oleh Dr. Jaerock Lee
ISBN: 979-11-263-0411-0   03230
Hak Cipta Terjemahan © 2013 oleh Dr. Esther K. Chung. Digunakan dengan izin.

Sebelumnya diterbitkan pada tahun 2002 ke dalam Bahasa Korea oleh Urim Books, Seoul, Korea.

Edisi Pertama Juni 2018

Diedit oleh Dr. Geumsun Vin
Dirancang oleh Biro Editorial Urim Books
Dicetak oleh Prione Printing
Untuk informasi lebih lanjut hubungi urimbook@hotmail.com

Kata Pengantar

Pohon akasia adalah pemandangan yang biasa di padang gurun di Israel. Pohon-pohon ini berakar sampai ratusan kaki di bawah permukaan tanah, dan mencari air di bawah tanah untuk kelangsungan hidupnya. Sekilas pandang, pohon akasia hanya baik untuk dijadikan kayu bakar, tetapi batangnya lebih padat dan memiliki ketahanan lebih kuat daripada pohon lain manapun.

Allah memerintahkan agar Tabut Kesaksian (Tabut Perjanjian) dibangun dengan pohon akasia, dilapisi dengan emas, dan ditaruh di Ruang Mahakudus. Ruang Mahakudus adalah tempat suci sakral di mana Allah tinggal dan hanya imam tinggi yang diizinkan untuk masuk. Dengan tanda yang sama, orang yang telah berakar dalam Firman Allah yang hidupnya tidak hanya akan digunakan sebagai alat yang berharga di hadapan Allah tetapi juga menikmati berkat yang melimpah di dalam hidupnya.

Ini seperti yang dikatakan oleh Yeremia 17:8 kepada kita, *"Ia akan seperti pohon yang ditanam di tepi air, yang* merambatkan akar-akarnya ke tepi batang air, dan yang tidak mengalami datangnya panas terik, yang daunnya tetap hijau, yang tidak kuatir dalam tahun kering, dan yang tidak berhenti menghasilkan buah." Di sini, "air" secara rohani merujuk pada Firman Allah, dan orang yang telah menerima berkat yang demikian akan memegang sungguh-sungguh kebaktian penyembahan tempat Firman Allah dinyatakan.

Penyembahan adalah upacara di mana hormat dan kekaguman ditunjukkan di hadapan ilahi. Singkatnya, sebagai orang Kristen, penyembahan adalah upacara di mana kita mengucap syukur kepada Allah dan meninggikan Dia dengan hormat, pujian, dan kemuliaan kita. Baik di masa Perjanjian Lama maupun sekarang, Allah telah mencari dan terus mencari orang-orang yang menyembah Dia dalam roh dan kebenaran.

Tertulis dalam Imamat dari Perjanjian Lama adalah rincian mendetil tentang penyembahan. Ada orang yang mengklaim bahwa karena Imamat adalah tentang hukum mempersembahkan korban kepada Allah dalam cara Perjanjian Lama, maka Kitab itu tidak relevan dengan hidup kita di masa kini. Ini sangat salah, karena makna yang ada dalam hukum Perjanjian Lama tentang penyembahan dimasukkan dalam cara-cara kita menyembah kini. Seperti juga di masa Perjanjian Lama, penyembahan di masa Perjanjian Baru adalah jalan di mana kita bertemu Allah. Hanya ketika kita mengikuti makna rohani dari hukum Perjanjian Lama tentang persembahan, yang tanpa cela, maka kita juga dapat menyembah Allah di masa Perjanjian Baru dalam roh dan kebenaran.

Tulisan ini menggali pelajaran dan makna dari berbagai korban persembahan berbeda yang disediakan oleh masing-masing orang dengan menelusuri tentang korban bakaran, korban sajian, korban keselamatan, korban penghapus dosa, dan korban penebus salah, sebagaimana berlaku kepada kita yang hidup di masa Perjanjian Baru. Ini akan membantu menjelaskan secara terinci bagaimana kita melayani Allah. Untuk dapat membantu para pembaca memahami hukum taurat mengenai persembahan korban, tulisan ini berisi gambar berwarna dari pemandangan panorama Kemah Suci Allah, interior Ruang Kudus, dan Ruang Mahakudus, serta berbagai perangkat pilihan yang berkaitan dengan penyembahan.

Allah berkata kepada kita, *"Jadilah engkau kudus, karena Aku kudus"* (Imamat 11:45; 1 Petrus 1:16), dan rindu agar masing-masing kita memahami hukum tentang korban persembahan yang tertulis dalam Imamat dan menjalani hidup yang kudus. Saya berharap Anda akan dapat mengerti setiap aspek persembahan di masa Perjanjian Lama dan penyembahan di masa Perjanjian Baru. Saya juga berharap Anda akan memeriksa cara Anda menyembah, dan jadi menyembah Allah dalam cara yang berkenan kepada-Nya.

Saya berdoa dalam nama Tuhan Yesus Kristus bahwa sama seperti Salomo menyukakan Allah dengan seribu korban bakarannya, semoga setiap pembaca buku ini akan dipakai sebagai alat yang berharga di hadapan Allah, dan sepert pohon yang ditanam di tepian air, semoga Anda menikmati berkat yang melimpah dengan memberikan kepada Allah aroma kasih dan syukur dengan menyembah Dia dalam roh dan kebenaran!

Februari 2010

Jaerock Lee

Daftar Isi

Menyembah dalam Roh dan Kebenaran

Kata Pengantar

Bab 1
Penyembahan Rohani yang Allah Terima   1

Bab 2
Persembahan Perjanjian Lama Seperti Tertulis dalam Imamat   21

Bab 3
Korban Bakaran   49

Bab 4
Persembahan   79

Bab 5
Korban Keselamatan   99

Bab 6
Korban Penebus Dosa   115

Bab 7
Korban Penebus Salah   135

Bab 8
Berikan Tubuhmu Sebagai Korban yang Hidup
dan Kudus   149

Bab 1

Penyembahan Rohani yang Allah Terima

"Allah itu Roh dan barangsiapa menyembah Dia, harus menyembah-Nya dalam roh dan kebenaran."

Yohanes 4:24

1. Penyembahan pada masa Perjanjian Lama dan Penyembahan pada masa Perjanjian Baru

Pada mulanya, Adam, manusia pertama yang diciptakan, adalah makhluk yang dapat memiliki persekutuan yang intim dan langsung dengan Allah. Setelah digoda oleh Iblis dan melakukan dosa, hubungan Adam yang intim dengan Allah menjadi rusak. Bagi Adam dan keturunannya, Allah telah menyiapkan jalan keselamatan dan membuka jalan yang melaluinya mereka dapat memulihkan komunikasi dengan Allah. Jalan itu ditemukan dalam metode korban persembahan dalam masa Perjanjian Lama, yang disediakan oleh Allah dengan murah hati.

Persembahan dalam masa Perjanjian Lama tidak dibuat oleh manusia. Ini diinstruksikan dan disingkapkan oleh Allah Sendiri. Kita tahu dalam Imamat 1:1 dan seterusnya, *"TUHAN memanggil Musa dan berfirman kepadanya dari dalam Kemah Pertemuan..."* Kita juga bisa melihat ini dari persembahan yang diberikan oleh Habel dan Kain, anak-anak Adam, kepada Allah (Kejadian 4:2-4).

Persembahan-persembahan ini, menurut tanda masing-masing, mengikuti aturan yang spesifik. Mereka digolongkan ke dalam korban bakaran, korban sajian, korban keselamatan, korban penghapus dosa, dan korban penebus salah, serta bergantung pada seberapa berat dosa yang dilakukan dan situasi dari orang-orang yang memberikan persembahan lembu, anak domba, kambing, burung merpati, dan tepung. Imam yang mengesahkan korban persembahan haruslah memiliki pengendalian diri, jujur dalam perilaku mereka, dan memakaikan pada tubuh mereka efod yang dipisahkan, dan memberikan korban yang disiapkan dengan sangat hati-hati menurut aturan yang ada. Persembahan yang demikian adalah formalitas luar yang sangat rumit dan ketat.

Selama masa Perjanjian Lama, setelah seseorang melakukan dosa ia dapat ditebus hanya dengan melakukan persembahan dengan melakukan persembahan dosa dengan membunuh binatang, dan dosanya ditebus oleh darahnya. Namun, darah hewan yang sama yang dipersembahkan tahun demi tahun tak mungkin bisa menyelamatkan manusia dari dosa-dosa mereka; persembahan ini hanya penebusan sementara dan karenanya tidak sempurna. Ini karena penebusan manusia dari dosa sepenuhnya hanya mungkin oleh nyawa satu orang.

1 Korintus 15:21 berkata kepada kita, *"Sebab sama seperti maut datang karena satu orang manusia, demikian juga kebangkitan orang mati datang karena satu orang manusia."* Karena alasan itu, Yesus Anak Allah datang ke dunia ini dalam wujud manusia, walaupun tidak berdosa, mencurahkan darah-Nya di kayu salib dan mati di sana. Saat Yesus menjadi persembahan sekali (Ibrani 9:28), tidak perlu lagi ada persembahan darah yang memerlukan peraturan yang rumit dan kaku.

Seperti yang kita baca dalam Ibrani 9:11-12, *"Tetapi Kristus telah datang sebagai Imam Besar untuk hal-hal yang baik yang akan datang: Ia telah melintasi kemah yang lebih besar dan yang lebih sempurna, yang bukan dibuat oleh tangan manusia, artinya yang tidak termasuk ciptaan ini, dan Ia telah masuk satu kali untuk selama-lamanya ke dalam tempat yang kudus bukan dengan membawa darah domba jantan dan darah anak lembu, tetapi dengan membawa darah-Nya sendiri. Dan dengan itu Ia telah mendapat kelepasan yang kekal,"* Yesus menyelesaikan penebusan kekal.

Oleh Yesus Kristus, kita tidak lagi mempersembahkan kepada Allah korban darah tetapi sekarang dapat datang ke hadapan Dia dan mempersembahkan kepada-Nya korban yang hidup dan kudus. Ini adalah kebaktian penyembahan di zaman Perjanjian Baru. Karena Yesus mempersembahkan satu korban untuk dosa sepanjang zaman degan dipakukan di kayu salib dan mencurahkan darah-Nya (Ibrani 10:11-12), ketika kita percaya dalam hati kita bahwa kita telah ditebus dari dosa dan menerima Yesus Kristus, kita dapat meneria pengampunan atas dosa-dosa kita. Ini bukan hanya upacara yang menekankan perbuatan, tetapi demonstrasi iman yang keluar dari hati kita. Itu adalah penyembahan yang hidup dan kudus serta kebaktian rohani (Roma 12:1).

Ini bukan berarti bahwa persembahan dari masa Perjanjian Lama telah dihapuskan. Jika Perjanjian Lama adalah bayangan, maka Perjanjian Baru adalah bentuk aslinya. Demikian halnya dengan Hukum Taurat, hukum tentang persembahan di dalam Perjanjian Lama telah disempurnakan dalam Perjanjian Baru oleh Yesus. Di masa Perjanjian Baru, formalitas telah diubah menjadi kebaktian penyembahan. Sama seperti Allah telah menghargai persembahan yang tanpa cela dan bersih di zaman Perjanjian Lama, Ia akan disenangkan oleh kebaktian penyembahan kita dalam roh dan kebenaran di masa Perjanjian Baru. Formalitas ketat dan prosedurnya menekankan bukan hanya pada upacara luar, tetapi membawa makna rohani yang sangat mendalam. Ini berlaku sebagai indikator dengan mana kita dapat memeriksa sikap kita terhadap penyembahan.

Pertama, setelah menebus dengan mengambil tanggung jawab melalui perbuatan atau kesalahan yang diperbuat kepada sesama, saudara, atau Allah (korban penebus salah), orang percaya harus melihat ke belakang pada hidupnya selama minggu sebelumnya, mengaku dosanya, dan mencari pengampunan (korban penghapus dosa), dan kemudian menyembah dengan hati yang bersih dan tulus (korban bakaran). Ketika kita menyenangkan Allah dengan memberikan persembahan yang disiapkan dengan sangat seksama dalam kasih karunia-Nya yang telah melindungi kita selama minggu sebelumnya (korban sajian) dan mengatakan kepada Dia akan kerinduan-kerinduan hati kita (korban keselamatan), Ia akan memenuhi kerinduan hati kita dan memberi kita kekuatan serta kuasa untuk mengatasi dunia. Seperti demikian, termasuk dalam kebaktian penyembahan di masa Perjanjian Baru ada banyak persamaan dari hukum taurat tentang korban persembahan dari Perjanjian Lama. Hukum tentang korban dari masa Perjanjian Lama akan ditelusuri dalam rincian lebih mendalam dari Bab 3 dan seterusnya.

2. Menyembah dalam Roh dan Kebenaran

Dalam Yohans 4:23-24 Yesus berkata kepada kita, *"Tetapi saatnya akan datang dan sudah tiba sekarang, bahwa penyembah-penyembah benar akan menyembah Bapa dalam roh dan kebenaran; sebab Bapa menghendaki penyembah-penyembah demikian. Allah itu Roh dan barangsiapa menyembah Dia, harus menyembah-Nya dalam roh dan kebenaran."* Ini adalah bagian ketika Yesus memberi tahu seorang perempuan yang Ia temui di sebuah sumur di kota Sikhar di Samaria. Perempuan itu bertanya kepada Yesus yang memulai percakapan dengannya dengan meminta air, tentang tempat menyembah, topik yang telah lama menjadi bahan keingintahuan (Yohanes 4:19-20).

Sementara orang Yahudi mempersembahkan korban di Yerusalem tmpat Bait Allah berada, orang Samaria mempersembahkan korban di Gunung Gerizim. Ini karena ketika Israel terpisah menjadi dua selama pemerintahan Raja Rehabeam anak Salomo, orang Israel di Utara membangun tempat yang tinggi di sana untuk menghalangi orang-orang pergi ke Bait Allah di Yerusalem. Karena perempuan itu mengetahui hal ini, ia ingin tahu tempat yang tepat untuk menyembah.

Bagi orang Israel, tempat menyembah memiliki makna yang sangat penting. Karena Allah hadir di Bait Suci, mereka memisahkannya dan mempercayainya sebagai pusat alam semesta. Namun, karena jenis hati seperti apakah yang dengannya manusia menyembah Allah adalah lebih penting daripada tempat atau lokasi penyembahan, sementara Yesus mengungkapkan Diri-Nya sebagai Mesias, Ia memberi tahu bahwa pemahaman tentang penyembahan juga harus diperbarui.

Apa yang dimaksud dengan "menyembah dalam roh dan kebenaran"? "Menyembah dalam roh" adalah menjadikan Firman Allah di dalam ke-66 Kitab di dalam Alkitab sebagai roti dalam inspirasi dan kepenuhan Roh Kudus, dan menyembah dari kedalaman hati kita bersama Roh Kudus yang tinggal di dalam kita. "Menyembah dalam kebenaran" adalah, bersama dengan pemahaman yang benar akan Allah, menyembah Dia dengan segenap tubuh, hati, kehendak, dan ketulusan kita dengan memberikan kepada-Nya syukur, doa, pujian, perbuatan, dan korban persembahan, dalam sukacita.

Apakah penyembahan kita diterima oleh Allah atau tidak sama sekali tak tergantung pada penampilan luar kita atau ukuran dari korban persembahan kita, melainkan pada tingkat kasih yang kita berikan kepada Dia menurut keadaan kita secara individu. Allah akan dengan senang hati menerima dan menjawab kerinduan hati orang-orang yang menyembah Dia dari kedalaman hati mereka dan memberikan persembahan secara sukarela. Namun, Ia tidak menerima penyembahan dari orang-orang insolent yang hatinya tidak peduli hanya hanya memikirkan pandangan orang tentang mereka.

3. Mempersembahkan Penyembahan yang Allah Terima

Kita yang tinggal di masa Perjanjian Lama ketika semua Hukum sudah dipenuhi oleh Yesus Kristus, harus menyembah Allah dalam cara yang lebih sempurna. Ini karena kasih adalah perintah terbesar yang diberikan kepada kita oleh Yesus Kristus yang telah memenuhi Hukum dalam kasih. Penyembahan adalah ungkapan kasih kita kepada Allah. Ada orang yang mengaku kasih mereka kepada Allah dengan bibirnya tetapi dari cara mereka menyembah Dia, kelihatannya kadang patut diragukan apakah mereka mengasihi Allah dengan sungguh-sungguh dari dalam hati mereka atau tidak.

Jika kita bertemu dengan seseorang yang lebih senior dalam jabatan dan usia, kita akan memperbaiki sikap, perilaku, dan hati kita. Jika kita akan memberikan kepada Dia hadiah, kita akan menyiapkan hadiah dengan sangat seksama. Kini, Allah adalah Pencipta segala sesuatu di alam semesta ini dan Ia layak atas pujian dan kemuliaan dari ciptaan-Nya. Jika kita akan menyembah Allah dalam roh dan kebenaran, kita tak akan pernah impertinent di hadapan-Nya. Kita harus melihat kembali pada diri kita untuk melihat apakah kita telah impertinent atau tidak dan memastikan kita ikut serta dalam kebaktian penyembahan dengan seluruh tubuh, hati, kehendak, dan kasih kita.

1) Kita tidak boleh terlambat datang ke kebaktian

Karena penyembahan adalah upacara tempat kita mengakui otoritas rohani dari Allah yang tidak kelihatan, kita akan mengakui Dia dari dalam hati kita hanya setelah kita mengikuti aturan dan teladan yang telah Ia tetapkan. Karenanya, adalah lancang jika kita terlambat datang ke kebaktian apa pun alasannya.

Karena waktu kebaktian adalah saat di mana kita bernazar untuk kita berikan bagi Allah, kita harus datang sebelum kebaktian dimulai, untuk mengabdikan diri kita untuk berdoa, dan menyiapkan untuk kebaktian dengan hati kita. Jika kita akan menemui raja, seorang presiden, atau perdana mentri, kita pasti akan tiba lebih awal dengan menyiapkan hati kita. Namun, bisakah kita terlambat atau terburu-buru ketika kita bertemu dengan Allah yang jauh lebih besar dan lebih agung tiada banding?

2) Kita harus memusatkan perhatian kita pada khotbah dan tidak membagi perhatian kita

Seorang gembala (pendeta) adalah pelayan yang telah diurapi oleh Allah; ia setara dengan imam di zaman Perjanjian Lama. Seorang gembala yang telah ditetapkan untuk menyatakan Firman Allah dari altar yang kudus adalah pembimbing yang memimpin para kawanan domba ke Surga. Karenanya, Allah menganggap tindakan yang lancang atau ketidaktaatan terhadap gembala sebagai tindakan yang lancang atau ketidaktaatan terhadap Allah sendiri.

Dalam Keluaran 16:8 kita menemukan bahwa ketika orang Israel bersungut-sungut terhadap dan melawan Musa, mereka melakukannya, sebenarnya, melawan Allah Sendiri. Dalam 1 Samuel 8:4-9, ketika orang-orang tidak menaati Nabi Samuel, Allah menganggap hal itu sebagai tindakan ketidaktaatan terhadap Dia. Sehingga, jika Anda berbicara dengan orang yang duduk di sebelah Anda atau jika pikiran Anda dipenuhi dengan pemikiran kosong ketika gembala sedang menyampaikan khotbah mewakili Allah, Anda sedang brbuat lancang di hadapan Allah.

Mengantuk atau tertidur selama kebaktian juga adalah suatu tindakan yang lancang. Dapatkah Anda bayangkan betapa tidak sopannya seorang sekretaris atau mentri yang ketiduran selama rapat yang diadakan oleh presiden? Sama juga halnya, mengantuk atau tidur di gereja yang merupakan tubuh Tuhan kita adalah tindakan yang lancang di hadapan Allah, gembala, dan saudara seiman.

Menyembah dengan roh yang rusak juga tidak dapat diterima. Allah tidak akan menerima penyembahan yang diberikan kepada-Nya tanpa syukur dan sukacita melainkan dalam kedukaan. Karenanya, kita harus turut serta dalam penyembahan dengan menantikan pesan dari Allah yang keluar dari pengharapan akan Surga, dan dengan hati yang penuh syukur untuk kasih karunia keselamatan dan kasih. Merupakan perbuatan yang lancang untuk berbicara dengan orang yang sedang berdoa kepada Allah. Sama seperti Anda tidak boleh menyela percakapan antara teman Anda dan senior Anda, adalah lancang untuk memotong pembicaraann antara seseorang dengan Allah.

3) Alkohol dan tembakau tidak boleh digunakan sebelum menghadiri kebaktian penyembahan

Allah tidak akan memandang ketidakmampuan orang percaya baru untuk berhenti minum alkohol dan merokok yang diakibatkan oleh iman yang lemah sebagai suatu dosa. Namun, jika orang yang sudah dibaptis dan memiliki jabatan di gereja terus saja minum dan merokok, maka ini adalah perbuatan yang lancang di hadapan Allah.

Bahkan orang tidak percaya saja menganggap tidak sopan dan salah jika pergi ke gereja dalam keadaan mabuk atau setelah merokok. Ketika seseorang memikirkan banyaknya masalah dan dosa yang berasal dari minum alkohol dan merokok, ia akan dapat membedakan kebenaran tentang bagaimana berlaku sebagai anak Allah.

Merokok menyebabkan berbagai jenis kanker dan karenanya berbahaya bagi tubuh, sementara minum alkohol, yang bisa membuat mabuk, bisa mengakibatkan perilaku dan ucapan yang tidak pantas. Bagaimana seorang percaya yang merokok dan minum dapat menjadi teladan sebagai anak Allah, dan yang perilakunya bahkan mungkin mendiskreditkan Allah? Karenanya, jika Anda memiliki iman sejati, Anda harus dengan cepat membuat cara-cara Anda yang dulu. Bahkan jika Anda adalah seorang pemula iman, lakukan segala usaha untuk membuang cara-cara hidup Anda yang lama untuk menjadi layak di hadapan Allah.

4) Kita tidak boleh mengganggu atau mengalihkan suasana kebaktian penyembahan

Gereja adalah tempat kudus yang dipisahkan untuk menyembah, berdoa, dan memuji Allah. Jika orangtua membolehkan anak-anak mereka untuk menangis, berisik, atau berlarian, maka anak itu akan mengganggu jemaat lain di gereja itu untuk dapat menyembah dengan segenap hati. Ini adalah tindakan yang lancang di hadapan Allah.

Juga merupakan tidakan yang tidak menghargai sesama jika Anda marah atau kesal atau membicarakan urusan orang lain atau hiburan dari luar di dalam gereja. Mengunyah permen karet, atau berbicara dengan suara keras dengan orang di sebelah Anda, atau bangkit dan berjalan keluar dari gereja di tengah kebaktian juga menunjukkan perbuatan yang tidak hormat. Memakai topi, kaos, baju olahraga, atau sandal jepit dan sandal rumah ke kebaktian penyembahan juga bukan merupakan perilaku yang pantas. Penampilan luas tidaklah penting, tetapi sikap dan hati dalam diri seseorang seringkali tercermin dalam penampilan luarnya. Bila orang secara seksama menyiapkan diri untuk datang ke kebaktian maka itu akan terlihat dalam penampilan luar dan pakaiannya.

Memiliki pemahaman yang benar akan Allah dan apa yang Ia rindukan membuat kita dapat mempersembahkan kepada-Nya kebaktian penyembahan rohani yang akan diterima oleh Allah. Ketika kita menyembah Allah dalam cara yang menyukakan Dia – ketika Kita menyembah-Nya dalam roh dan kebenaran – Ia akan memberi kita kuasa pengertian sehingga kita dapat menanamkan pemahaman itu dalam hati kita, menghasilkan buah yang melimpah, dan menikmati kasih karunia dan berkat yang luar biasa yang Ia berikan kepada kita.

4. Hidup yang Ditandai oleh Penyembahan dalam Roh dan Kebenaran

Ketika kita menyembah Allah dalam roh dan kebenaran, hidup kita akan diperbarui. Allah ingin agar hidup masing-masing orang secara keseluruhan menjado hidup yang ditandai oleh menyembah dalam roh dan kebenaran. Bagaimana seharusnya kita berlaku agar dapat mempersembahkan kebaktian penyembahan rohani yang akan diterima Allah dengan senang hati?

1) Kita harus bersukacita senantiasa

Sukacita sejati bukan hanya dari alasan-alasan agar kita bersukacita tetapi bahkan ketika kita menghadapi masalah yang menyakitkan dan sulit. Yesus Kristus yang telah kita terima sebagai Juru Selamat kita, Dia Sendiri adalah alasan bagi kita untuk bersukacita senantiasa karena Ia telah mengambil semua kutuk kita.

Ketika kita berada di jalan menuju kehancuran, Ia menebus kita dari dosa dengan mencurahkan darah-Nya. Ia mengambil kemiskinan dan penyakit kita dan menanggungnya Sendiri, dan Ia melepaskan ikatan jahat dari airmata, rasa sakit, kesedihan, dan maut. Terlebih lagi, Ia telah menghancurkan kuasa maut dan dibangkitkan, karenanya memberi kita pengharapan akan kebangkitan dan membuat kita dapat memiliki hidup sejati dan Surga yang indah.

Jika kita memiliki Yesus Kristus oleh iman sebagai sumber sukacita kita, maka tidak ada hal lain bagi kita selain bersukacita. Karena kita akan memiliki pengharapan yang indah di kehidupam sesudah mati dan akan diberikan kebahagiaan kekal, bahkan jika kita tidak memiliki makanan dan terikat oleh masalah dalam keluarga, dan bahkan jika kita dikelilingi oleh bencana dan aniaya, kenyataan itu tidak relevan bagi kita. Selama hati kita yang-dipenuhi-kasih bagi Allah tidak menjadi lemah dan pengharapan kita akan Surga tidak menjadi goncang, maka sukacita kita tak akan pernah memudar. Jadi ketika hati kita dipenuhi oleh kasih karunia Allah dan pengharapan akan Surga, sukacita akan ada setiap saat, dan kesulitan akan diubah dengan lebih cepat menjadi berkat.

2) Kita harus tetap berdoa tanpa henti

Ada tiga makna bagi "tetap berdoa tanpa henti." Pertama, yaitu berdoa secara teratur. Bahkan Yesus, selama masa pelayanan-Nya, mencari tempat yang sepi di mana Ia dapat berdoa "menurut kebiasaan-Nya." Daniel berdoa tiga kali sehari secara teratur dan Petrus serta murid-murid Yesus yang lain juga menyisihkan waktu untuk berdoa. Kita juga harus berdoa secara teratur untuk memenuhi waktu doa dan memastikan bahwa minyak Roh Kudus tidak pernah habis. Barulah kemudian kita dapat memahami Firman Allah selama kebaktian penyembahan dan menerima kekuatan untuk hidup menurut Firman.

Berikutnya, "tetaplah berdoa" adalah berdoa pada saat-saat yang tidak ditetapkan dalam jadwal atau kebiasaan. Ada waktu-waktu di mana Roh Kudus mendorong kita untuk berdoa bahkan di luar jam-jam saat kita berdoa sebagai kebiasaan. Kita sering mendengar kesaksian dari orang-orang yang menghindari kesulitan telah dilindugi dan dijaga dari kecelakaan ketika mereka taat dalam doa pada waktu-waktu demikian.

Terakhir, "tetaplah berdoa" adalah untuk merenungkan Firman Allah siang dan malam. Terlepas dari di mana, dengan siapa, atau apa yang sedang dilakukan seseorang, kebenaran di dalam hatinya harus tetap hidup dan aktif melakukan tugasnya.

Berdoa itu seperti bernafas bagi roh kita. Sama seperti tubuh mati ketika nafas tubuh kita berhenti, berhenti berdoa juga akan membuat roh kita menjadi lemah dan akhirnya mati. Bisa dikatakan bahwa orang yang "tetap berdoa" ketika ia berdoa bukan hanya di waktu-waktu tertentu, tetapi juga merenungkan Firman Allah siang dan malam, dan hidup menurut Firman itu. Ketika Firman Allah telah tinggal di dalam hatinya, dan ia menjalani hidupnya dalam persekutuan dengan Roh Kudus, setiap aspek dalam hidupnya akan makmur dan Ia akan dipimpin dengan jelas dan akrab oleh Roh Kudus.

Sama seperti Firman Allah menyuruh kita untuk "cari dulu

kerajaan Allah dan kebenaran-Nya," ketika kita berdoa bagi kerajaan Allah – rencana-Nya dan keselamatan bagi jiwa-jiwa – alih-alih berdoa bagi diri kita sendiri, Allah memberkati kita dengan melimpah. Namun, ada orang-orang yang berdoa ketika mereka menghadapi kesulitan atau ketika mereka merasa ada sesuatu yang hilang, tetapi kemudian mereka berhenti berdoa ketika mereka hidupnya baik-baik saja. Ada orang yang berdoa tekun ketika dipenuhi oleh Roh Kudus tetapi berhenti berdoa ketika mereka kehilangan kepenuhan Roh.

Bagaimanapun, kita harus selalu selalu mengumpulkan hati kita dan mempersembahkan bagi Allah aroma doa yang membuat-Nya berkenan. Anda bisa membayangkan betapa menyiksa dan sulitnya mengeluarkan kata-kata bila kita tidak menginginkannya dan hanya mengisi waktu dalam doa sambil mencoba melawan kantuk dan pikiran kosong. Jadi, jika seorang percaya menganggap dirinya memiliki tingkat iman tertentu namun masih demikian sulit dan berat untuk berbicara dengan Allah, bukankah ia seharusnya merasa malu mengaku "kasihnya" kepada Allah? Jika Anda merasa, 'Doaku membosankan dan stagnan secara rohani', periksalah diri Anda untuk melihat betapa sukacita dan bersyukurnya Anda.

Sudah pasti jika hati seseorang selalu dipenuhi oleh sukacita dan syukur, doa akan menjadi kepenuhan Roh Kudus dan tidak akan menjadi stagnan melainkan akan masuk lebih dalam. Seseorang tidak akan merasakan bahwa ia tidak mampu berdoa. Sebaliknya, semakin sulit situasinya, semakin ia akan haus atas kasih karunia Allah, yang akan membuatnya memanggil Allah lebih lagi dengan lebih sungguh-sungguh, dan imannya akan hanya tumbuh tahap demi tahap. Ketika kita berseru dalam doa dari kedalaman hati kita tanpa berhenti, kita akan menghasilkan buah doa yang melimpah. Walaupun ada pencobaan yang menimpa kita, kita terus memegang waktu doa. Dan sampai tahap di mana kita berseru dalam doa, kedalaman iman rohani dan kasih kita akan tumbuh, kita akan berbagi kasih karunia dengan orang lain juga. Karenanya sudah merupakan keharusan bagi kita untuk tetap berdoa tanpa henti dalam sukacita dan syukur sehingga kita menerima jawaban dari Allah dalam bentuk buah yang indah dalam roh dan dalam daging.

3) Kita harus mengucap syukur atas segala sesuatu

Apa alasan yang Anda miliki untuk bersyukur? Di atas segalanya ada fakta bahwa kita, yang telah ditakdirkan untuk mati, telah diselamatkan dan dapat masuk surga. Fakta bahwa kita telah diberikan segalanya termasuk makanan kita sehari-hari dan kesehatan yang baik, adalah alasan yang cukup bagi kita untuk bersyukur. Terlebih lagi, kita dapat bersyukur dalam segala penderitaan dan pencobaan karena kita percaya ada Allah yang Mahakuasa.

Allah mengetahui segala keadaan kita dan mendengar semua doa kita. Ketika kita percaya kepada Allah sampai akhir di tengah segala pencobaan, Ia akan membimbing kita untuk maju dengan lebih indah melalui semua pencobaan itu.

Ketika kita menderita dalam nama Tuhan Kita atau bahkan

ketika kita menghadapi pencobaan akibat kesalahan kita sendiri atau kekurangan kita, jika kita sungguh percaya kepada Allah, maka kita akan menemukan bahwa satu-satunya hal yang dapat kita lakukan adalah bersyukur. Ketika kita kekurangan atau tidak punya apa-apa, kita akan lebih bersyukur atas kuasa Allah yang menguatkan dan menyempurnakan yang lemah. Bahkan ketika kenyataan yang kita hadapi menjadi semakin sulit untuk dihadapi dan ditanggung, kita akan dapat mengucap syukur karena iman kita kepada Allah. Ketika kita mengucap syukur dengan iman sampai akhir, semua hal akan bekerja bersama untuk kebaikan pada akhirnya dan akan berubah menjadi berkat.

Bersukacitalah senantiasa, tetaplah berdoa, dan mengucap syukur dalam segala sesuatu adalah patokan yang dapat kita gunakan untuk mengukur seberapa banyak buah yang telah kita lahirkan dalam roh dan dalam daging melalui hidup kita dalam iman. Semakin banyak seseorang bergumul untuk bersukacita terlepas dari bagaimanapun keadaannya, menabur benih sukacita, dan mengucap syukur dari dalam hatinya dan mencari alasan untuk bersyukur, maka akan semakin banyak buah sukacita dan syukur yang akan ia hasilkan. Sama halnya dengan doa; semakin banyak usaha kita dalam berdoa, semakin besar kekuatan dan jawaban yang akan kita tuai sebagai buah.

Karenanya, dengan memberi persembahan kepada Allah setiap hari dengan kebaktian rohani berupa penyembahan yang Ia rindukan dan yang berkenan kepada-Nya melalui hidup yang selalu bersukacita, tetap berdoa, dan mengucap syukur (1 Tesalonika 5:16-18), saya berharap Anda akan menghasilkan buah yang besar dan berlimpah secara rohani dan jasmani.

Bab 2

Persembahan Perjanjian Lama Seperti Tertulis dalam Imamat

"TUHAN memanggil Musa
dan berfirman kepadanya dari dalam Kemah Pertemuan,
'Berbicaralah kepada orang Israel dan katakan kepada mereka:
Apabila seseorang di antaramu hendak
mempersembahkan persembahan kepada TUHAN,
haruslah persembahanmu
yang kamu persembahkan itu dari ternak,
yakni dari lembu sapi atau dari kambing domba.'"

Imamat 1:1-2

1. Pentingnya Imamat

Sering dikatakan bahwa Kitab Wahyu dalam Perjanjian Baru dan Imamat dalam Perjanjian Lama adalah bagian paling sulit untuk dipahami di dalam Alkitab. Untuk alasan itulah, ketika membaca Alkitab ada orang yang melewatkan bagian-bagian utu sementara orang lain menganggap bahwa persembahan dari zaman Perjanjian Lama tidak relevan dengan kita di masa kini. Namun, jika bagian-bagian itu tidak relevan bagi kita, tidak ada alasannya mengapa Allah menuliskannya di dalam Alkitab. Karena setiap kata di dalam Perjanjian Baru dan juga Perjanjian Lama penting bagi iman kita dalam Kristus, Allah telah mengizinkannya untuk ditulis dalam Alkitab (Matius 5:17-19).

Hukum tentang persembahan dari masa Perjanjian Lama tidak boleh dibuang di masa Perjanjian Baru. Demikian halnya dengan Hukum Taurat, hukum tentang persembahan di dalam Perjanjian Lama telah dipenuhi dalam Perjanjian Baru oleh Yesus. Implikasi dari makna hukum yang memegang persembahan dari Perjanjian Lama diterakan dalam setiap langkah penyembahan modern di gereja Allah dan persembahan dari masa Perjanjian Lama setara dengan persembahan dalam kebaktian penyembahan kini. Begitu kita memahami secara akurat hukum tentang persembahan dari Perjanjian Lama dan artinya, kita akan dapat mengikuti jalan pintas pada berkat yang dengannya kita dapat bertemu Allah dan mengalami Dia dengan memahami secara benar bagaimana menyembah dan melayani Dia.

Imamat adalah bagian dari Firman Allah yang berlaku di masa kini bagi semua orang yang percaya kepada Dia. Ini karena, seperti kita temukan dalam 1 Petrus 2:5, *"Dan biarlah kamu juga dipergunakan sebagai batu hidup untuk pembangunan suatu rumah rohani, bagi suatu imamat kudus, untuk mempersembahkan persembahan rohani yang karena Yesus Kristus berkenan kepada Allah."* Siapa saja yang telah menerima keselamatan melalui Yesus Kristus dapat datang ke hadapan Allah, sama seperti yang dilakukan oleh para imam di masa Perjanjian Lama.

Imamat secara garis besar dibagi dalam dua bagian. Bagian pertama khususnya berfokus pada bagaimana dosa-dosa kita diampuni. Pada dasarnya terdiri dari hukum-hukum tentang korban untuk dapat diampuni dari dosa. Ini juga menggambarkan kualifikasi dan tanggung jawab dari iman yang mengurusi korban persembahan antara Allah dan umat. Bagian kedua menuliskan secara terinci tentang dosa-dosa yang Allah pilih, umat kudus-Nya, tidak pernah boleh lakukan. Ringkasnya, setiap orang percaya harus mempelajari kehendak Allah yang ditemukan dalam Imamat, yang menekankan bagaimana menjaga hubungan yang kudus yang dimilikinya dengan Allah.

Hukum tentang korban di dalam Imamat menerangkan tentang metodologi bagaimana kita harus menyembah. Sama seperti kita bertemu Allah dan menerima jawaban serta berkat-Nya melalui kebaktian penyembahan, orang-orang di masa Perjanjian Lama menerima pengampunan dari dosa dan mengalami pekerjaan Allah melalui korban. Namun, setelah Yesus Kristus, Roh Kudus tinggal di dalam kita dan kita telah diizinkan untuk memiliki persekutuan dengan Allah saat kita menyembah Dia dalam roh dan kebenaran di tengah pekerjaan Roh Kudus.

Ibrani 10:1 berkata kepada kita, *"Di dalam hukum Taurat hanya terdapat bayangan saja dari keselamatan yang akan datang, dan bukan hakekat dari keselamatan itu sendiri. Karena itu dengan korban yang sama, yang setiap tahun terus-menerus dipersembahkan, hukum Taurat tidak mungkin menyempurnakan mereka yang datang mengambil bagian di dalamnya."* Jika ada bentuk, maka akan ada bayangan dari bentuk itu. Kini, "bentuk" itu adalah fakta bahwa kita dapat menyembah melalui Yesus Kristus dan di masa Perjanjian Lama, orang-orang menjaga hubungan mereka dengan Allah melalui korban persembahan, yang merupakan sebuah bayangan.

Korban persembahan bagi Allah harus diberikan menurut aturan yang Ia inginkan; Allah tidak menerima penyembahan yang diberikan oleh orang yang melakukannya dengan caranya sendiri. Dalam Kejadian 4, kita menemukan bahwa Allah menerima persembahan dari Habel yang mengikuti kehendak Allah, tetapi Ia tidak menerima persembahan dari Kain yang membuat metode persembahannya sendiri.

Dengan tanda yang sama, ada penyembahan yang berkenan bagi Allah dan penyembahan yang keluar dari aturan-Nya dan menjadi tidak berarti bagi Allah. Ditemukan dalam hukum tentang persembahan di dalam Imamat ada informasi praktis tentang jenis penyembahan yang dengannya kita dapat menerima jawaban dan berkat dari Allah dan yang berkenan kepada-Nya.

2. Allah Memanggil Musa ke Kemah Pertemuan

Imamat 1:1 berbunyi, *"TUHAN memanggil Musa dan berfirman kepadanya dari dalam Kemah Pertemuan..."* Kemah pertemuan adalah ruang kudus bergerak yang memfasilitasi pergerakan cepat orang Israel yang tinggal di padang gurun, dan di sinilah Allah memanggil Musa. Kemah pertemuan ini merujuk pada Kemah Suci yang terdiri atas Ruang Kudus dan Ruang Mahakudus (Keluaran 30:18, 30:20, 39:32, dan 40:2). Secara bersama-sama dapat juga merujuk pada Kemah Suci dan juga tirai yang menudungi pelataran (Bilangan 4:31, 8:24).

Setelah Keluaran dan perjalanan mereka ke tanah Kanaan, orang Israel menghabiskan waktu yang lama di padang gurun dan harus selalu bergerak. Untuk alasan itu bait suci tempat korban persembahan diberikan kepada Allah tidak dapat dibangun menjadi tempat yang permanen, tetapi dalam bentuk Kemah Suci yang dapat dipindahkan dengan mudah. Karena inilah bangunan itu juga disebut "bait kemah suci."

Dalam Keluaran 35-39 ada rincian spesifik dari konstruksi Kemah Suci. Allah Sendiri yang memberikan kepada Musa rincian struktur Kemah Suci itu dan bahan yang akan digunakan untuk pembangunannya. Ketika Musa memberi tahu jemaat tentang bahan yang diperlukan untuk pembangunan Kemah Suci, mereka dengan senang hari membawa banyak sekali bahan-bahan yang berguna seperti emas, perak, perunggu; berbagai macam bebatuan; bahan-bahan berwarna biru, ungu, dan merah, serta kain lena halus; mereka membawa bulu domba, kulit domba jantan, dan kulit lumba-lumba, sehingga Musa sampai harus melarang mereka membawa lebih banyak lagi (Keluaran 36:5-7).

Demikianlah Kemah Suci itu dibangun dengan hadiah yang dipersembahkan secara sukarela oleh jemaat. Bagi orang Israel dalam perjalanan mereka ke Kanaan setelah meninggalkan Mesir walaupun mereka meninggalkannya, biaya membangun Kemah Suci pastilah tidak kecil. Mereka tidak memiliki rumah atau tanah. Mereka tak bisa menyimpan kekayaan lewat bercocok-tanam. Namun, antisipasi akan janji Allah, yang telah mengatakan kepada mereka bahwa Ia akan tinggal di tengah mereka begitu telah disiapkan tempat bagi-Nya untuk berdiam, maka bangsa Israel menanggung semua biaya dan upaya pembangunannya dengan sukacita dan senang hati.

Bagi orang Israel, yang telah lama menderita dari siksaan berat dan kerja-paksa, satu hal yang lebih mereka rindukan dari apa pun adalah kemerdekaan dari perbudakan. Demikianlah, setelah membebaskan mereka dari Mesir, Allah memerintahkan pembangunan Kemah Suci untuk tinggal di tengah mereka. Orang Israel tidak memiliki alasan untuk menunda-nunda, dan demikianlah Kemah Suci itu dibangun, dengan pengabdian penuh sukacita dari bangsa Israel sebagai pondasinya.

Segera pada pintu masuk Kemah Suci itu adalah 'Ruang Kudus', dan masuk ke dalam sesudah Ruang Kudus itu adalah 'Ruang Mahakudus.' Ini adalah tempat yang paling kudus. Ruang Mahakudus ini dijadikan tempat menaruh Tabut Kesaksian (Tabut Perjanjian). Fakta bahwa Tabut Kesaksian, yang berisi Firman Allah, ada di dalam Ruang Mahakudus berlaku sebagai pengingat akan hadirat Allah. Sementara bait Allah secara keseluruhan adalah ruang yang kudus sebagai rumah Allah, Ruang Mahakudus adalah tempat yang khususnya dipisahkan dan dianggap sebagai tempat yang paling kudus dari semuanya. Bahkan imam besar diizinkan masuk ke Ruang Mahakudus hanya sekali setahun dan peristiwa itu adalah untuk memberikan korban persembahan dosa kepada Allah bagi orang Israel. Orang biasa dilarang masuk ke dalamnya. Ini karena pendosa tidak dapat datang ke hadapan Allah.

Namun, oleh Yesus Kristus, kita semua telah mendapat hak istimewa untuk dapat datang ke hadapan Allah. Dalam Matius 27:50-51 kita membaca, *"Yesus berseru pula dengan suara nyaring lalu menyerahkan nyawa-Nya. Dan lihatlah, tabir Bait Suci terbelah dua dari atas sampai ke bawah."* Ketika Yesus mengorbankan Diri-Nya melalui kematian di kayu salib untuk dapat menebus kita dari dosa, tirai yang membatasi Ruang Mahakudus dan kita terbelah menjadi dua.

Mengenai hal ini Ibrani 10:19-20 menjelaskan, *"Jadi, saudara-saudara, oleh darah Yesus kita sekarang penuh keberanian dapat masuk ke dalam tempat kudus, karena Ia telah membuka jalan yang baru dan yang hidup bagi kita melalui tabir, yaitu diri-Nya sendiri."* Bahwa tirai itu terbelah saat Yesus mengorbankan tubuh-Nya dalam kematian menandakan runtuhnya tembok dosa antara Allah dan kita. Sekarang, setiap orang yang percaya kepada Yesus Kristus dapat menerima pengampunan dosa dan masuk ke jalan yang telah dibuat untuk datang ke hadapan Allah yang Kudus. Sementara dulu hanya imam yang dapat datang ke hadapan Allah, kita sekarang memiliki persekutuan yang langsung dan intim dengan Dia.

3. Makna Rohani Dari Kemah Pertemuan

Apa makna dari kemah pertemuan yang sesuai dengan kita sekarang? Kemah Pertemuan adalah gereja tempat orang-orang percaya menyembah di masa kini, Ruang Kudus adalah tubuh orang percaya yang menerima Tuhan, dan Ruang Mahakudus di dalam hati kita tempat Roh Kudus tinggal. 1 Korintus 6:19 mengingatkan kita, *"Atau tidak tahukah kamu, bahwa tubuhmu adalah bait Roh Kudus yang diam di dalam kamu, Roh Kudus yang kamu peroleh dari Allah, – dan bahwa kamu bukan milik kamu sendiri?"* Setelah kita menerima Yesus sebagai Juru Selamat, Roh Kudus diberikan kepada kita sebagai hadiah dari Allah. Karena Roh Kudus tinggal di dalam kita, maka hati dan tubuh kita adalah bait suci.

Kita juga menemukan dalam 1 Korintus 3:16-17, *"Tidak tahukah kamu, bahwa kamu adalah bait Allah dan bahwa Roh Allah diam di dalam kamu? Jika ada orang yang membinasakan bait Allah, maka Allah akan membinasakan dia. Sebab bait Allah adalah kudus dan bait Allah itu ialah kamu."* Sama seperti kita harus menjaga bait Allah yang kelihatan agar tetap bersih dan kudus sepanjang waktu, kita juga harus menjaga tubuh dan hati kita bersih dan kudus sepanjang waktu sebagai tempat tinggal Roh Kudus.

Kita membaca bahwa Allah akan menghancurkan siapa saja yang menghancurkan bait Allah. Jika seseorang adalah anak Allah dan telah menerima Roh Kudus tetapi terus saja menghancurkan dirinya sendiri, Roh Kudus akan padam dan tidak akan ada keselamatan bagi orang itu. Hanya ketika kita menjaga bait tempat Roh Kudus tinggal tetap kudus oleh perbuatan dan hati kita barulah kita dapat mencapai keselamatan sempurna dan memiliki persekutuan yang langsung dan intim dengan Allah.

Karenanya, fakta bahwa Yesus memanggil Musa dari kemah pertemuan menandakan bahwa Roh Kuds memanggil dari dalam diri kita, dan rindu memiliki persekutuan dengan kita. Sudah seharusnya anak-anak Allah yang telah menerima keselamatan memiliki persekutuan dengan Allah Bapa. Mereka harus berdoa oleh Roh Kudus dan menyembah dalam roh dan kebenaran dalam persekutuan yang intim dengan Allah.

Orang-orang di masa Perjanjian Lama tidak dapat memiliki

persekutuan dengan Allah yang kudus mengenai dosa mereka. Hanya imam tinggi yang dapat memasuki Ruang Mahakudus dalam kemah suci dan memberikan kepada Allah persembahan mewakili bangsa itu. Sekarang, semua anak Allah diizinkan masuk ke dalam Ruang Kudus untuk menyembah, berdoa, dan bersekutu dengan Allah. Ini karena Yesus Kristus telah menebus kita dari semua dosa.

Ketika kita telah menerima Yesus Kristus, Roh Kudus tinggal di dalam hati kita dan menganggapnya sebagai Ruang Mahakudus. Terlebih lagi, sama seperti Allah memanggil Musa dari kemah pertemuan, Roh Kudus memanggil kita dari dalam hati kita dan rindu untuk bersekutu dengan kita. Dengan membuat kita dapat mendengar suara Roh Kudus dan menerima bimbingan-Nya, Roh Kudus memimpin kita untuk hidup dalam kebenaran dan memahami Allah. Untuk dapat mendengar suara Roh Kudus, kita harus membuang dosa dan kejahatan di dalam hati kita dan menjadi kudus. Begitu kita telah mencapai pengudusan, kita akan dapat mendengar suara Roh Kudus dengan jelas dan berkat akan melimpah baik secara rohani maupun jasmani.

4. Bentuk Kemah Pertemuan

Bentuk Kemah Pertemuan sangat sederhana. Seseorang harus melewati gerbang, yang lebarnya sekitar 9 meter (kira-kira 29,5 kaki) di sebelah timur kemah suci. Setelah memasuki halaman kemah suci, ia harus melintasi Mezbah Korban Bakaran yang terbuat dari perunggu. Di antara mezbah ini dan Ruang Kudus adalah bejana pembasuhan upacara, di luar ini adalah Ruang Kudus dan kemudian Ruang Mahakudus yang merupakan inti dari kemah pertemuan.

Dimensi kemah suci yang terdiri atas Ruang kudus dan Ruang Mahakudus adalah 4,5 meter (sekitar 14,7 kaki) lebarnya, 13,5 meter (sekitar 44,3 kaki) panjangnya, dan 4,5 meter (sekitar 14,7 kaki) tingginya. Bangunan ini berdiri di atas pondasi yang terbuat dari perak, dengan dindingnya terbuat dari tiang-tiang kayu akasia dilapisi dengan emas, dan atapnya ditutup oleh empat lapis tirai. Kerubim disulam dalam lapisan pertama; lapisan kedua dibuat dari bulu domba, yang ketiga dibuat dari kulit domba jantan, dan yang keempat dibuat dari kulit lumba-lumba.

Ruang Kudus dan Ruang Mahakudus dipisahkan oleh tirai yang juga bersulamkan kerubim. Ukuran Ruang Kudus adalah dua kali lipat Ruang Mahakudus. Di Ruang Kudus ada meja untuk Roti Bundar (terjemahan Inggris: Bread of Presence atau Showbread), kandil lampu, dan Mezbah Ukupan Pembakaran Wangi-wangian. Semua barang ini dibuat dari emas murni. Di dalam Ruang Mahakudus ada Tabut Kesaksian (Tabut Perjanjian).

Mari kita buat ringkasannya. Pertama-tama, di dalam Ruang Mahakudus adalah ruang kudus tempat Allah tinggal dan beradanya Tabut Kesaksian, yang di atasnya ditaruh tutup

Struktur Kemah Pertemuan

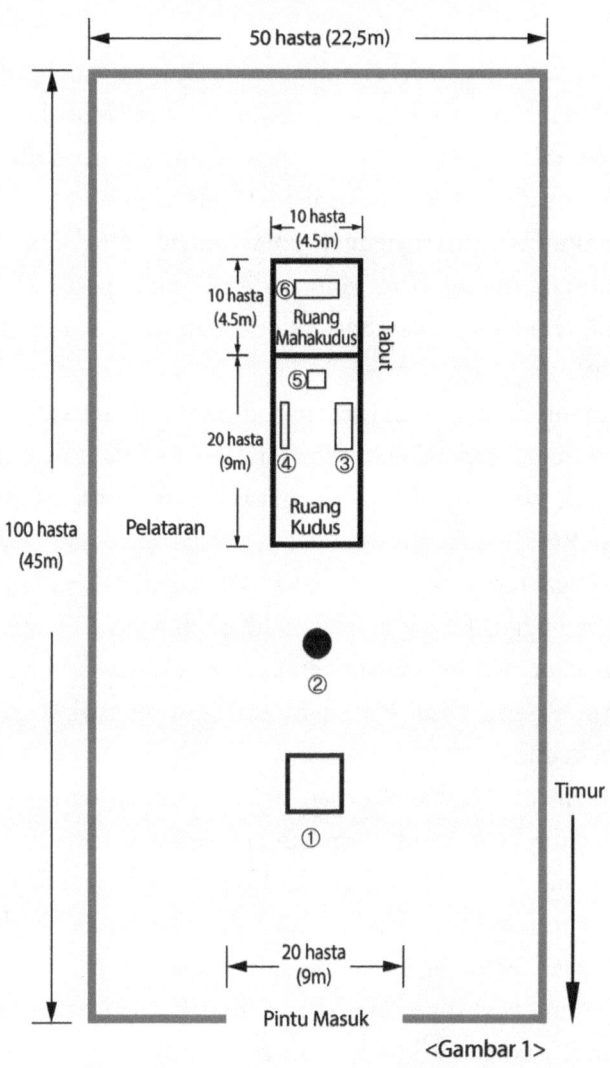

<Gambar 1>

Dimensi
Pelataran: 100 x 50 x 5 hasta
Pintu Masuk: 20 x 5 hasta
Kemah Suci: 30 x 10 x 10 hasta
Ruang Kudus: 20 x 10 x 10 hasta
Ruang Mahakudus: 10 x 10 x 10 hasta
(* 1 hasta = kira-kira 17,7 inci)

Peralatan
① Mezbah Korban Bakaran
② Bejana Pembasuhan
③ Meja untuk Roti Bundar
④ Kandil Lampu dari Emas Murni
⑤ Mezbah Ukupan Wangi-wangian
⑥ Tabut Kesaksian (Tabut Perjanjian)

pendamaian, juga ada di empat ini. Sekali setahun pada hari penebusan, iman tinggi masuk ke dalam Ruang Mahakudus dan mencurahkan darang pada tutup pendamaian mewakili orang-orang untuk melakukan penebusan. Segalanya dalam Ruang Mahakudus dihiasi dengan emas murni. Di dalam Tabut Kesaksian ada log batu tempat ditulisnya Sepuluh Perintah Allah; tempayan yang berisi manna, dan tongkat Harun yang bertunas.

Ruang Kudus adalah tempat di mana iman akan masuk untuk memberikan persembahan dan di dalamnnya adalah Mezbah Ukupan Wangi-wangian, kandil lampu, dan meja untuk Roti Bundar, yang semuanya terbuat dari emas.

Ketiga, tempayan pembasuhan adalah wadah yang terbuat dari perunggu. Tempayan pembasuhan ini berisi air tempat para iman akan mencuci tangan dan kaki mereka sebelum masuk ke dalam Ruang Kudus atau imam besar masuk ke Ruang Mahakudus.

Keempat, Mezbah Korban Bakaran dibuat dari perunggu dan cukup kuat untuk menahan api. Api dari mezbah "keluar dari hadapan TUHAN" ketika Kemah Suci itu sudah selesai dibangun (Leviticus 9:24). Allah juga memerintahkan agar api di mezbah tetapi dibiarkan menyala, jangan sampai padam, dan setiap dua hari dipersembahkan anak domba berumur satu tahun (Keluaran 29:38-43; Imamat 6:12-13).

Gambar

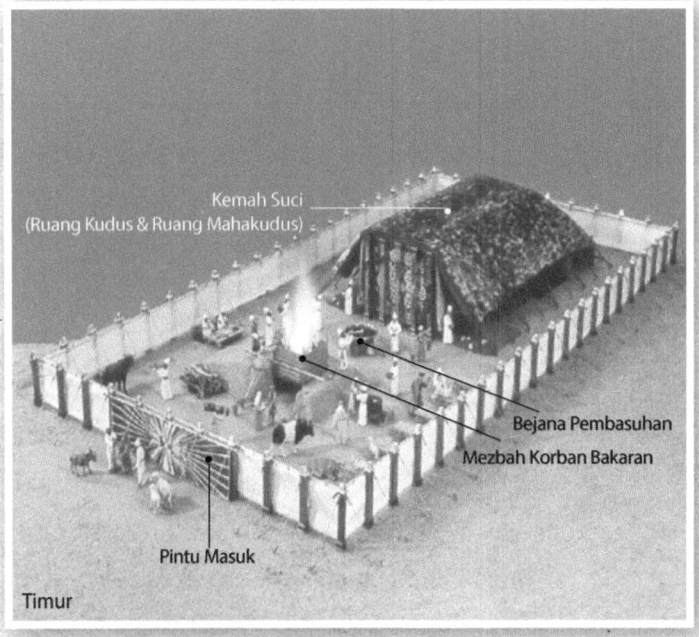

<Gambar 2>

Pemandangan Panorama dari Kemah Pertemuan

Di dalam pelataran ada mezbah korban bakaran (Keluaran 30:28), bejana pembasuhan (Keluaran 30:18), adan Kemah Pertemuan (Keluaran 26:1, 36:8), dan menggantung di atas pelataran ada kain lena yang dijalin. Hanya ada satu pintu masuk ke bagian timur Kemah Pertemuan (Keluaran 27:13-16), dan itu melambangkan Yesus Kristus, satu-satunya pintu keselamatan.

Gambar

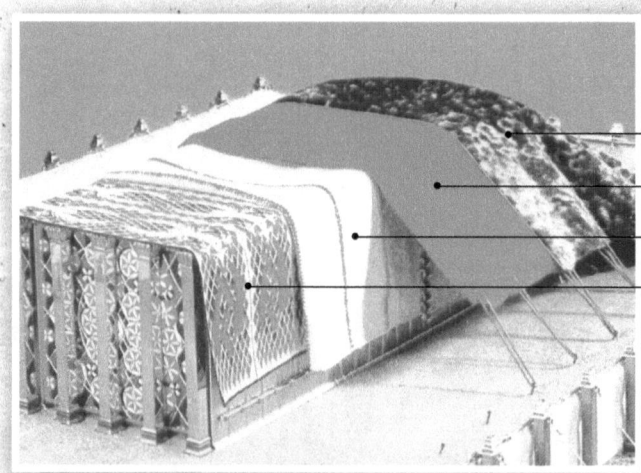

<Gambar 3>

Penutup Kemah Suci

Ada empat lapisan yang menutup Kemah Suci.

Di bagian dasarnya ada tirai yang disulam dengan kerubim; di atasnya ada tirai dari bulu kambing; di atasnya ada kulit domba jantan, dan di bagian paling atas ada kulit lumba-lumba. Tutup di dalam Gambar 3 ditunjukkan supaya setiap lapisan kelihatan. Bila penutupnya dibuka, dapat dilihat gantungan untuk Ruang Kudus di depan Ruang Kudus, dan di belakangnya ada mezbah ukupan wangi-wangian serta gantungan untuk Ruang Mahakudus.

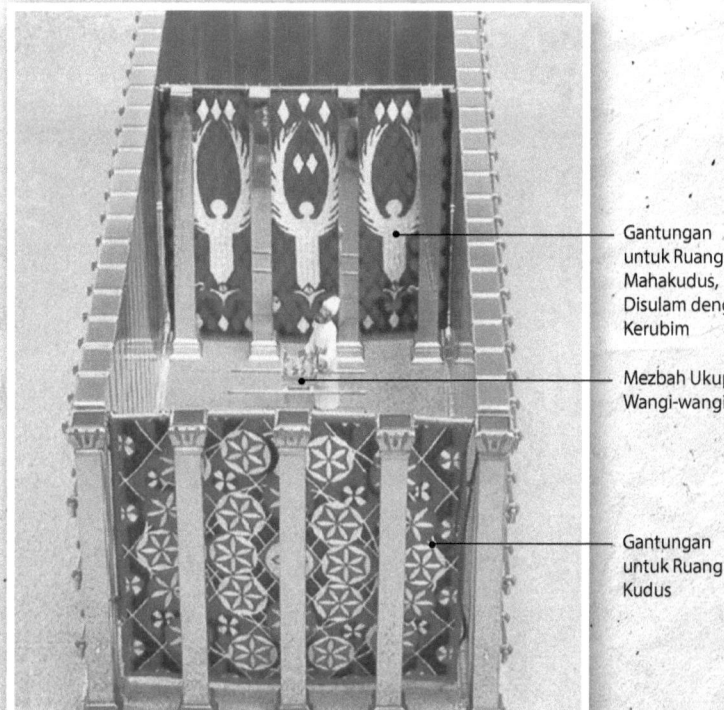

<Gambar 4>

Ruang Kudus Terlihat dengan Penutupnya Dibuka

Di depannya ada gantungan untuk Ruang Kudus, dan dapat dilihat di belakangnya ada mezbah ukupan wangi-wangian serta gantungan untuk Ruang Mahakudus.

Gambar

<Gambar 5>

Interior Kemah Suci

Di bagian tengah Ruang Kudus ada kandil lampu yang terbuat dari emas murni (Keluaran 25:31), meja untuk roti bundar (Keluaran 25:30), dan menghadap ke belakang adalah mezbah ukupan wangi-wangian (Keluaran 30:27).

Mezbah Ukupan Wangi-wangian

Meja untuk Roti Bundar

Kandil

Gambar

<Gambar 9>

Di dalam Ruang Mahakudus

Tembok belakang Kemah Pertemuan telah dilepaskan agar Ruang Mahakudus dapat kelihatan. Dapat dilihat Tabut Kesaksian, tutup pendamaian, dan gantungan untuk Ruang Mahakudus menghadap ke belakang. Sekali setahun, imam besar dengan berpakaian putih masuk ke dalam Ruang Mahakudus dan memercikkan darah dari korban penghapus dosa.

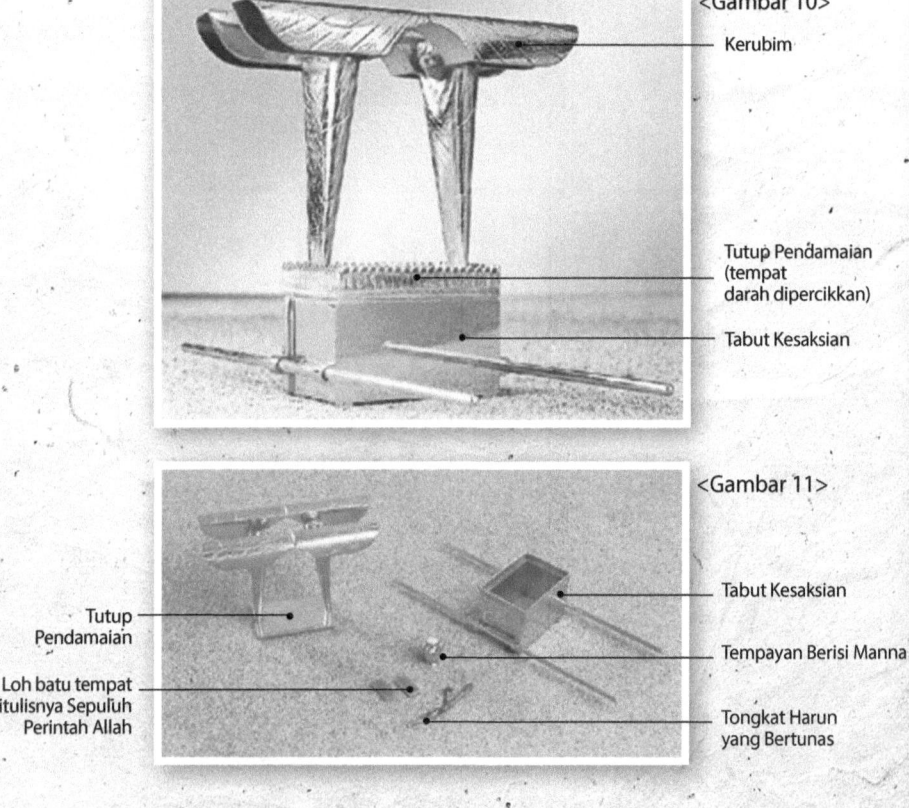

<Gambar 10>
- Kerubim
- Tutup Pendamaian (tempat darah dipercikkan)
- Tabut Kesaksian

<Gambar 11>
- Tutup Pendamaian
- Loh batu tempat ditulisnya Sepuluh Perintah Allah
- Tabut Kesaksian
- Tempayan Berisi Manna
- Tongkat Harun yang Bertunas

Tabut Kesaksian dan Tutup Pendamaian

Di dalam Ruang Mahakudus adalah Tabut Kesaksian yang terbuat dari emas murni, dan di atas Tabut itu ada tutup pendamaian. Tutup pendamaian merujuk pada Penutup Tabut Kesaksian (Keluaran 25:17-22), dan darah dipercikkan di situ sekali setahun. Di kedua ujung tutup pendamaian itu ada dua kerubim yang sayapnya menudungi tutup pendamaian (Keluaran 25:18-20). Di dalam Tabut Kesaksian ada loh batu tempat ditulisnya Sepuluh Perintah Allah, tempayan yang berisi manna, dan tongkat Harun yang bertunas.

Gambar

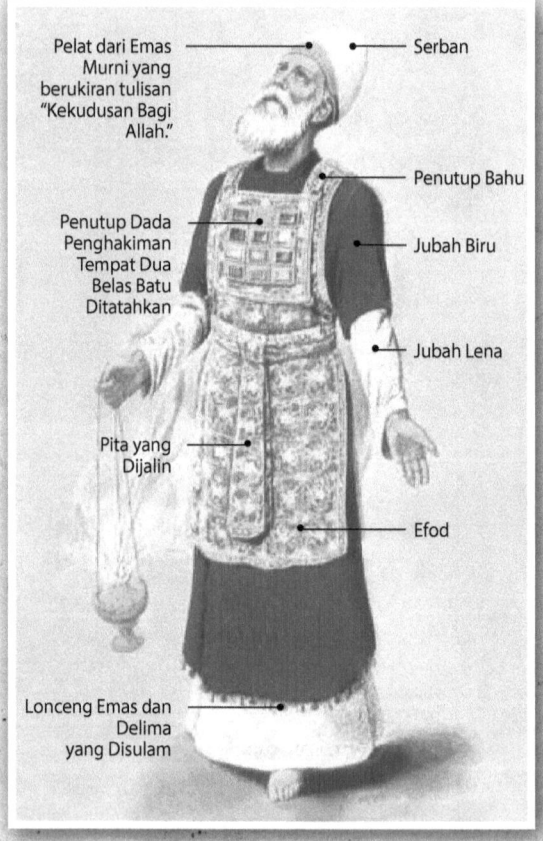

<Gambar 12>

Pakaian Iman Besar

Imam besar dipercayakan dengan pemeliharaan bait Allah dan mengawasi kebaktian persembahan korban, dan sekali setahun memasuki Ruang Mahakudus untuk memberikan korban persembahan kepada Allah. Setiap orang yang menjadi imam besar diwajibkan untuk memiliki Urim dan Tumim. Kedua batu ini, yang digunakan untuk mencari kehendak Allah, ditaruh di penutup data di bagian atas efod yang dipakai imam. "Urim" melambangkan terang dan "Tumim," kesempurnaan.

5. Makna Rohani dari Persembahan Lembu Jantan dan Anak Domba

Dalam Imamat 1:2, Allah berkata kepada Musa, *"Berbicaralah kepada orang Israel dan katakan kepada mereka: 'Apabila seseorang di antaramu hendak mempersembahkan persembahan kepada TUHAN, haruslah persembahanmu yang kamu persembahkan itu dari ternak, yakni dari lembu sapi atau dari kambing domba.'"* Selama kebaktian penyembahan, anak-anak Allah memberikan berbagai korban persembahan bagi Dia. Selain perpuluhan itu, ada persembahan yang meliputi persembahan syukur, pembangunan, dan bantuan. Namun, Allah memerintahkan bahwa jika ada orang yang akan membawakan korban kepada-Nya, maka korban itu haruslah "dari ternak, yakni dari lembu sapi atau dari kambing domba." Karena ayat ini memiliki makna rohani, kita tidak boleh melakukan ayat ini secara harfiah, tetapi pertama-tama harus memahami makna rohaninya dan kemudian melakukannya sesuai kehendak Allah.

Apa makna rohani yang ada dalam korban binatang dari kawanan ternak itu? Itu artinya kita harus menyembah Allah dalam roh dan kebenaran dan mempersembahkan diri kita sendiri sebagai korban yang hidup dan kudus. Ini adalah "kebaktian penyembahan rohani" (Roma 12:1). Kita harus selalu siaga dalam doa dan tindakan kita sendiri dalam perilaku yang kudus di hadapan Allah bukan hanya selama kebaktian penyembahan, tetapi juga dalam kehidupan kita sehari-hari. Lalu penyembahan dan korban kita akan diberikan kepada Allah sebagai korban persembahan yang hidup dan kudus yang akan dianggap Allah sebagai kebaktian penyembahan yang hidup. Kenapa Allah memerintahkan bangsa Israel untuk mempersembahkan kepada-Nya lembu jantan dan anak domba, dibandingkan semuab hewan lainnya? Lembu jantan dan anak domba, dari antara semua hewan, paling tepat melambangkan Yesus, yang telah menjadi korban keselamatan bagi penyelamatan umat manusia. Mari kita telusuri persamaan antara 'lembu jantan' dan Yesus.

1) Lembu jantan membawa beban manusia

Sama seperti lembu jantan membawa beban manusia, Yesus telah menanggung beban dosa kita. Dalam Matius 11:28 Ia berkata kepada kita, *"Marilah kepada-Ku, semua yang letih lesu dan berbeban berat, Aku akan memberi kelegaan kepadamu."* Manusia berjuang dan berusaha untuk mencapai kekayaan, hormat, pengetahuan, ketenaran, prestise, dan kuasa serta segalanya yang dapat mereka idamkan. Selain berbagai beban yang ditanggungnya, manusia juga menaggung beban dosa dan menjalani hidupnya di antara pencobaan, penderitaan, dan siksaan.

Kini, Yesus mengangkat beban itu dan tanggungan hidup kita dengan menjadi korban bagi kita, menumpahkan darah-Nya sebagai korban tebusan, dan disalibkan di kayu salib. Oleh iman kepada Tuhan, manusia dapat melepaskan semua masalahnya dan beban dosanya serta menikmati damai sejahtera dan istirahat.

2) Lembu tidak dapat menyusahkan manusia, hanya memberi manfaat

Lembu tidak hanya bekerja dengan taat bagi manusia, mereka juga memberikan susu, daging, dan kulitnya. Dari kepala sampai ekor, tidak ada bagian tubuh lembu yang tidak berguna. Demikianlah Yesus juga hanya memberi manfaat bagi manusia. Dengan menyaksikan injil Surga kepada orang miskin, orang miskin, dan terbuang, Ia memberi mereka penghiburan dan harapan, melepaskan belenggu kejahatan, dan menyembuhkan penyakit dan kelemahan. Bahkan ketika Ia tak dapat tidur atau makan, Yesus melakukan segala cara untuk mengajarkan Firman Allah kepada satu lagi saja jiwa semampu-Nya. Dengan mengorbankan hidup-Nya dan disalibkan, Yesus membuka jalan keselamatan kepada para pendosa yang ditakdirkan masuk ke neraka.

3) Lembu memberikan gizi bagi manusia lewat dagingnya

Yesus memberikan kepada manusia darah dan daging-Nya sehingga manusia dapat menjadikannya roti hidup mereka. Dalam Yohanes 6:53-54 Ia berkata kepada kita, *"Sesungguhnya jikalau kamu tidak makan daging Anak Manusia dan minum darah-Nya, kamu tidak mempunyai hidup di dalam dirimu. Barangsiapa makan daging-Ku dan minum darah-Ku, ia mempunyai hidup yang kekal dan Aku akan membangkitkan dia pada akhir zaman."*

Yesus adalah Firman Allah yang datang ke dunia ini dalam wujud manusia. Karenanya, memakan daging Yesus dan meminum darah-Nya adalah menjadikan Firman Allah sebagai makanan kita dan hidup menurutnya. Sama seperti manusia tidak dapat hidup tanpa makan dan minum, kita dapat memperoleh hidup kekal dan masuk Surga hanya dengan makan dan menjadikan Firman Allah sebagai makanan rohani kita.

4) Lembu membajak ladang dan mengubahnya menjadi tanah yang subur

Yesus mengusahakan ladang-hati manusia. Dalam Matius 13 ada perumpamaan yang membandingkan hati manusia dengan empat jenis ladang: pinggir jalan; ladang berbatu; ladang semak berduri; dan ladang yang bertanah subur. Sejak Yesus menebus kita dari semua dosa kita, Roh Kudus telah tinggal di dalam hati kita dan memberi kita kekuatan. Hati kita dapat diubah menjadi tanah yang subur dengan bantuan Roh Kudus. Saat kita percaya dalam darah Yesus, yang telah membuat kita diampuni dari semua dosa, dan dengan tekun menaati kebenaran, hati kita akan diubah menjadi tanah yang subur, kaya, dan baik, dan kita akan dapat menerima berkat secara rohani dan jasmani dengan menuai 30, 60, dan 100 kali ganda dari apa yang kita tabur.

Berikutnya, apa persamaan antara anak domba dan Yesus?

1) Anak domba sangat lembut

Ketika berbicara tentang orang yang lemah lembut, kita

biasanya menyamakan mereka dengan kelembutan anak domba. Yesus adalah orang yang paling lembut di antara semua manusia. Mengenai Yesus, Yesaya 42:3 menulis, *"Buluh yang patah terkulai tidak akan diputuskannya, dan sumbu yang pudar nyalanya tidak akan dipadamkannya."* Bahkan dengan orang-orang jahat dan cabul atau orang yang telah bertobat tapi berbuat dosa berulang kali, Yesus sangat sabar sampai saat terakhir, menunggu mereka untuk berbalik dari jalan mereka. Walaupun Yesus adalah Anak Allah Sang Pencipta dan memiliki otoritas untuk menghancurkan semua umat manusia, Ia tetap sabar dengan kita dan menunjukkan kasih-Nya bahkan saat orang-orang jahat menyalibkan Dia.

2) Anak domba sifatnya penurut

Anak domba mengikuti dengan taat kemana pun sang gembala membawanya dan tetap tinggal diam walaupun saat sedang dibului. Seperti tertulis dalam 2 Korintus 1:19, *"Karena Yesus Kristus, Anak Allah, yang telah kami beritakan di tengah-tengah kamu—yaitu olehku dan oleh Silwanus dan Timotius—bukanlah 'ya' dan 'tidak', tetapi sebaliknya di dalam Dia hanya ada 'ya.'"* Yesus tidak memaksakan kehendak-Nya tetapi tetap taat kepada Allah sampai mati. Sepanjang hidup-Nya, Yesus hanya pergi ke tempat-tempat pada waktu yang dipilih Allah, dan hanya melakukan apa yang Allah ingin agar Ia lakukan. Pada akhirnya, walaupun Ia sangat tahu akan penderitaan yang menanti-Nya di kayu salib, Ia menanggungnya dengan taat untuk dapat melakukan kehendak

Bapa.

3) Anak domba itu bersih

Di sini, anak domba adalah anak domba berumur setahun yang belum kawin (Keluaran 12:5). Anak domba di usia ini dapat dibandingkan dengan orang muda yang murni dan menyenangkan – atau Yesus yang tanpa cela dan salah. Anak domba juga memberikan bulu, daging, dan susu; mereka tidak pernah menyakiti manusia hanya memberi manfaat. Sperti yang disebutkan sebelumnya, Yesus mengorbankan daging dan darah-Nya, dan memberi kita bagian terakhir dari Diri-Nya. Dengan ketaatan penuh kepada Allah Bapa, Yesus memenuhi kehendak Allah dan menghancurkan tembok dosa antara Allah dan pendosa. Bahkan hari ini, Ia terus mengusahakan hati kita sehingga berubah menjadi tanah yang gembur dan subur.

Sama seperti manusia ditebus dari dosanya melalui lembu jantan dan anak domba di zaman Perjanjian Lama, Yesus mengorbankan Diri-Nya sebagai korban di kayu salib, dan melakukan penebusan kekal melalui darah-Nya (Ibrani 9:12). Seperti yang kita percayai dalam fakta ini, kita harus jelas memahani bagaimana Yesus menjadi korban yang layak diterima Allah sehingga kita selalu bersyukur atas kasih dan karunia Yesus Kristus, dan mengikuti hidup-Nya.

Bab 3

Korban Bakaran

"Tetapi isi perutnya
dan betisnya haruslah dibasuh dengan air
dan seluruhnya itu harus dibakar oleh imam
di atas mezbah sebagai korban bakaran,
sebagai korban api-apian
yang baunya menyenangkan bagi TUHAN."

Imamat 1:9

1. Makna Dari Korban Bakaran

Korban bakaran, yang pertama dari semua jenis korban yang dituliskan dalam Imamat, adalah jenis korban persembahan yang tertua. Etimologi dari ungkapan "korban bakaran" adalah "membuatnya naik ke atas." Korban bakaran adalah korban yang ditaruh di mezbah dan sepenuhnya dibakar oleh api. Ini melambangkan korban yang utuh, pengabdiannya, dan pelayanannya yang sukarela. Karena menyukakan Allah dengan aroma yang wangi dari hewan yang dibakar sebagai korban, korban bakaran adalah metode yang paling umum dalam memberikan korban persembahan dan menjadi tanda dari fakta bahwa Yesus telah menanggung dosa kita dan mengorbankan Diri-Nya Sendiri sebagai korban yang utuh, dan karenanya menjadi korban yang wangi bagi Allah (Efesus 5:2).

Menyukakan Allah dengan wewangian tidak berarti Allah mencium aroma dari hewan yang dikorbankan. Itu berarti Ia menerima wewangian hati orang tersebut yang tlah memberikan korban itu bagi-Nya. Allah memeriksa sampai sejauh mana seseorang takut akan Allah dan dengan kasih seperti apa ia memberikan persembahan itu kepada Allah. Ia kemudian menerima pengabdian dan kasih orang itu.

Membunuh hewan untuk diberikan kepada Allah sebagai korban bakaran menandakan memberi Allah hidup kita sendiri dan menaati semua yang Ia perintahkan kepada kita. Dengan kata lain, makna rohani dari korban bakaran adalah untuk hidup sepenuhnya oleh Firman Allah dan mempersembahkan kepadanya segala aspek dalam hidup kita dalam cara yang bersih dan kudus.

Dalam istilah sekarang, ini adalah ungkapan hati kita dalam menjanjikan memberi hati kita kepada Allah menurut kehendak-Nya dengan datang ke kebaktian saat Paskah, Perjamuan Panen, Perjamuan Syukur, Natal, dan setiap hari Minggu. Menyembah Allah setiap hari Minggu dan menjaga kekudusan hari Minggu menjadi bukti bahwa kita anak-anak Allah dan bahwa roh kita adalah milik-Nya.

2. Korban untuk Korban Bakaran

Allah memerintahkan bahwa korban yang dijadikan korban bakaran haruslah "jantan yang tidak bercela," yang melambangkan kesempurnaan. Ia menginginkan jantan karena biasanya hewan jantan lebih setia kepada prinsipnya daripada betina. Mereka tidak goyang ke depan dan belakang serta dari kiri ke kanan, tidak licik, dan tidak goyah. Juga, fakta bahwa Allah menginginkan persembahan yang "tidak bercela" menandakan bahwa orang harus menyembah Dia dalam roh dan kebenaran, dan tidak boleh menyembah-Nya dengan roh yang patah.

Ketika memberikan hadiah kepada orangtua kita, mereka akan dengan senang hati menerimnya jika kita berikan dengan kasih dan perhatian. Jika kita memberikan dengan sungkan, orangtua kita tak dapat menerimanya dengan senang hati. Dengan tanda yang sama, Allah tidak akan menerima penyembahan yang diberikan kepada-Nya tanpa sukacita atau di saat lelah, mengantuk, atau pikiran yang kosong. Ia akan dengan senang hati menerima penyembahan kita hanya ketika dalam hati kita dipenuhi dengan harapan akan Surga, syukur atas karunia keselamatan, dan kasih Tuhan kita. Hanya saat itulah Allah memberi kita jalan untuk keluar di saat-saat ada godaan dan penderitaan, dan membuat semua jalan kita menjadi sejahtera.

"Lembu jantan muda" yang Allah perintahkan untuk dipersembahkan dalam Imamat 1:5 merujuk pada lembu jantan muda yang belum kawin, dan secara rohani merujuk pada kemurnian dan integritas Yesus Kristus. Karenanya, dalam ayat ini ada kerinduan Allah bagi kita untuk datang ke hadapan-Nya dengan hati yang tulus dan murni seorang anak. Ia tidak mau kita bersikap kekanakan atau tidak dewasa tetapi rindu agar kita mengikuti hati seorang anak yang sederhana, taat, dan rendah hati.

Tanduk lembu jantan muda belum tumbuh sehingga ia tidak gore dan tidak memiliki kejahatan. Karakter ini juga dimiliki oleh Yesus Kristus yang lemah lembut, rendah hati, dan halus seperti anak kecil. Karena Yesus adalah Anak Allah yang tanpa cela dan sempurna, persembahan yang disamakan dengan Dia haruslah juga tanpa cela dan sempurna.

Dalam Maleakhi 1:6-8 Allah dengan keras menghardik orang Israel yang memberikan kepada-Nya korban persembahan yang cemar dan tidak sempurna.

"Seorang anak menghormati bapanya dan seorang hamba menghormati tuannya. Jika Aku ini bapa, di manakah hormat yang kepada-Ku itu? Jika Aku ini tuan, di manakah takut yang kepada-Ku itu?" firman TUHAN semesta alam kepada kamu, hai para imam yang menghina nama-Ku. Tetapi kamu berkata: "Dengan cara bagaimanakah kami menghina nama-Mu?" Kamu membawa roti cemar ke atas mezbah-Ku. tetapi berkata, 'Dengan cara bagaimanakah kami mencemarkannya?' Dengan cara menyangka, 'Meja TUHAN boleh dihinakan!' Apabila kamu membawa seekor binatang buta untuk dipersembahkan, tidakkah itu jahat? Apabila kamu membawa binatang yang timpang dan sakit, tidakkah itu jahat? Cobalah menyampaikannya kepada bupatimu, Apakah ia berkenan kepadamu? Atau apakah ia menyambut engkau dengan baik? firman TUHAN semesta alam.

Kita harus memberikan kepada Allah korban persembahan yang tanpa cela, bersih, dan sempurna dengan menyembah Dia dalam roh dan kebenaran.

3. Makna dari Berbagai Jenis Persembahan yang Berbeda

Allah yang setia dan adil melihat hati manusia. Karenanya,

Ia tidak tertarik pada ukuran, nilai, maupun harga dari korban persembahan itu, melainkan sejauh mana perhatian yang diberikan orang itu lewat iman menurut keadaannya. Seperti yang Ia katakan kepada kita dalam 2 Korintus 9:7, *"Hendaklah masing-masing memberikan menurut kerelaan hatinya, jangan dengan sedih hati atau karena paksaan, sebab Allah mengasihi orang yang memberi dengan sukacita,"* Allah dengan senang hati menerima apa yang kita persembahkan kepada-Nya dengan sukacita menurut keadaan kita.

Dalam Imamat 1, Allah menerangkan dengan mendetil bagaimana mempersembahkan korban lembu jantan, anak domba, kambing, dan burung. Sementara lembu jantan muda tanpa cela adalah korban bakaran yang paling layak bagi Allah, namun sebagian orang tidak mampu membeli lembu. Itulah sebabnya, dalam belas-kasihan-Nya, Allah telah mengizinkan manusia untuk memberikan kepada-Nya anak domba, kambing, atau burung merpati, menurut keadaan dan situasi keuangan masing-masing orang. Apa makna rohani dari hal ini?

1) Allah menerima persembahan yang diberikan kepada-Nya menurut kemampuan masing-masing orang

Situasi dan kemampuan keuangan setiap orang berbeda-beda; sejumlah kecil uang bagi seseorang bisa jadi jumlah yang besar bagi orang lain. Untuk alasan ini, Allah dengan senang menerima anak domba, kambing, atau burung merpati yang dipersembahkan orang-orang kepada-Nya menurut kemampuan masing-masing orang. Inilah keadilan dan kasih

Allah yang dengannya Ia telah memberikan kepada setiap orang, apakah kaya atau miskin, untuk ambil bagian dalam korban persembahan menurut kemampuan masing-masing orang. Allah tidak akan menerima kambing yang diberikan kepada-Nya oleh orang yang mampu mempersembahkan lembu jantan. Namun, Allah akan dengan senang hati menerima dan dengan cepat menjawab kerinduan hati seseorang yang telah memberikan kepada-Nya lembu saat ia hanya mampu mempersembahkan anak domba. Apakah itu lembu, kambing, atau burung yang dipersembahkan, Allah mengatakan bahwa masing-masing adalah "aroma yang wangi" bagi-Nya (Imamat 1:9, 13, 17). Ini berarti, sementara ada perbedaan derajat dalam persembahan yang diberikan, ketika kita memberi kepada Allah dari dalam hati kita, karena Allah melihat hati manusia, tidak ada perbedaan karenanya semuanya adalah aroma yang wangi bagi Dia.

Dalam Matius 12:41-44 ada adegan di mana Yesus memuji janda miskin yang memberikan persembahan. Dua peser uang tembaga yang Ia berikan adalah unit mata uang terkecil pada saat itu, tetapi baginya, uang itu adalah segalanya yang ia miliki. Tidak masalah seberapa kecil persembahannya, ketika kita memberikan kepada Allah kemampuan terbaik kita dengan sukacita, itu akan menjadi persembahan yang menyukakan Dia.

2) Allah menerima penyembahan menurut pengetahuan setiap orang

Ketika mendengarkan Firman Allah, pemahaman dan kasih

karunia yang diterima setiap orang berbeda-beda, menurut kecerdasan, pendidikan, latar belakang, dan pengetahuannya. Bahkan dalam kebaktian penyembahan yang sama, dibandingkan dengan orang yang lebih cerdas dan lebih banyak belajar, kemampuan untuk memahami dan mengingat Firman Allah kurang bagi orang-orang yang mungkin tidak secerdas dan tidak belajar selama orang yang lain. Karena Allah mengetahui semua ini, Ia ingin agar setiap orang menyembah dengan pengetahuannya dari dalam hatinya dan mengerti serta hidup menurut Firman Allah.

3) Allah menerima penyembahan menurut usia dan kemampuan mental setiap orang

Saat manusia bertambah umurnya, ingatan dan pemahaman mereka menjadi berkurang. Itulah sebabnya banyak orang lansia yang tidak dapat memahami atau mengingat Firman Allah. Bahkan walaupun demikian, ketika orang-orang ini mengabdikan diri mereka untuk menyembah dengan hati yang tulus, Allah mengetahu keadaan masing-masing orang dan Ia akan menerima penyembahan mereka dengan senang hati.

Ingatlah bahwa ketika seseorang menyembah dalam inspirasi Roh Kudus, kuasa Allah akan menyertai dia bahkan jika ia kurang memiliki hikmat atau pengetahuan, atau sudah tua. Oleh pekerjaan Roh Kudus, Allah membantu dia memahami dan menjadikan Firman sebagai roti hidupnya. Jadi jangan menyerah dan berkata, "Aku kekurangan" atau "Aku sudah mencoba tapi masih tidak bisa", tapi pastikan Anda melakukan semua usaha dari dalam hati Anda dan mencari kuasa Allah. Allah kita yang penuh kasih akan senang menerima persembahan yang diberikan kepada-Nya menurut usaha terbaik setiap orang dan menurut keadaan serta situasi masing-masing. Karena alasan inilah Ia menuliskan secara terinci dalam Imamat mengenai korban bakaran dan menyatakan keadilan-Nya.

4. Mempersembahkan Lembu Jantan (Imamat 1:3-9)

1) Lembu Jantan Tanpa Cela di Jalan Masuk Kemah Pertemuan

Di dalam Kemah Suci ada Ruang Kudus dan Ruang Mahakudus. Hanya imam yang boleh masuk ke dalam Ruang Kudus, dan hanya imam besar yang boleh masuk ke dalam Ruang Mahakudus sekali dalam setahun. Inilah sebabnya mengapa orang biasa, tidak dapat masuk ke dalam Ruang Kudus, dapat memberikan korban bakaran dengan lembu jantan muda di jalan masuk ke kemah pertemuan.

Namun, karena Yesus telah menghancurkan tembok dosa yang menghalangi Allah dan manusia, kini kita memiliki persekutuan langsung dan intim dengan Allah. Orang-orang di zaman Perjanjian Lama memberikan korban persembahan di jalan masuk ke kemah pertemuan dengan perbuatan mereka. Namun, karena Roh Kudus telah menjadikan hati kita sebagai bait-Nya, tinggal di dalam hati kita, dan bersekutu dengan kita sekarang, kita yang ada di masa Perjanjian Baru memiliki hak untuk datang ke hadapan Allah di dalam Ruang Mahakudus.

2) Meletakkan Tangan ke Atas Kepala Korban Bakaran untuk Memindahkan Dosa dan Menyembelih

Dalam Imamat 1:4 dan seterusnya kita membaca, *"Lalu ia harus meletakkan tangannya ke atas kepala korban bakaran itu, sehingga baginya persembahan itu diperkenan untuk mengadakan pendamaian baginya. Kemudian haruslah ia menyembelih lembu itu di hadapan TUHAN."* Meletakkan tangan ke atas kepala korban bakaran melambangkan memindahkan dosa seseorang pada korban bakaran itu, dan barulah setelah itu Allah akan mengampuni dosanya oleh darah korban bakaran itu.

Meletakkan tangan, selain untuk memindahkan dosa, juga melambangkan pemberkatan dan pengurapan. Kita tahu bahwa Yesus meletakkan tangan-Nya atas seseorang ketika memberkati anak-anak atau menyembuhkan orang dari penyakit dan kelemahan. Dengan meletakkan tangan, rasul-rasul mengimpartasi Roh Kudus kepada orang-orang dan karunia menjadi semakin berlimpah. Juga, meletakkan tangan menandakan bahwa objek itu diberikan kepada Allah. Ketika seorang pendeta meletakkan tangannya atas berbagai persembahan itu menandakan bahwa semua itu telah diberikan kepada Allah.

Pengurapan pada akhir kebaktian penyembahan atau penutupan kebaktian atau pertemuan doa dengan Doa Bapa kami dimaksudkan agar Allah berkenan menerima semua kebaktian atau pertemuan itu. Dalam Imamat 9:22-24 ada adegan dimana Imam Besar Harun *"mengangkat kedua tangannya atas bangsa itu, lalu memberkati mereka,"* setelah menyerahkan kepada Allah dosa dan korban bakaran menurut cara-cara yang telah diperintahkan Allah. Setelah kita melakukan Doa Bapa Kami dan menutup kebaktian dengan pengurapan, Allah melindungi kita dari si jahat dan juga dari godaan dan penderitaan dan Ia membuat kita dapat menikmati berkat yang melimpah.

Apa artinya bagi seseorang untuk menyembelih lembu jantan muda tanpa cela sebagai korban bakaran? Karena upah dosa ialah maut, maka manusia menggantikan dirinya dengan hewan untuk disembelih. Lembu jantan muda yang belum kawin sangat indah seperti seorang anak yang tak berdosa. Allah ingin agar setiap orang memberikan korban bakaran untuk mempersembahkannya dengan hati seorang anak yang tak berdosa dan tak pernah melakukan dosa lagi. Sampai saat terakhir itu, Ia ingin agar masing-masing orang bertobat dari dosa-dosanya dan membersihkan hatinya.

Rasul Paulus sangat mengerti apa yang Allah inginkan, dan itulah sebabnya, bahkan setelah menerima pengampunan atas dosa-dosanya dan otoritas serta kuasa sebagai anak Allah, ia "mati setiap hari." Ia mengaku dalam 1 Korintus 15:31, *"Saudara-saudara, tiap-tiap hari aku berhadapan dengan maut. Demi kebanggaanku akan kamu dalam Kristus Yesus, Tuhan kita, aku katakan, bahwa hal ini benar,"* karena kita dapat mempersembahkan tubuh kita sebagai persembahan yang hidup dan kudus kepada Allah hanya setelah kita telah membuang semua hal yang melawan Allah, seperti hati ketidakbenaran, kesombongan, tamak, kerangka pemikiran yang dibentuk oleh pemikiran sendiri, kebenaran sendiri, dan segala sesuatu yang jahat.

3) Imam Memercikkan Darah di Sekeliling Mezbah

Setelah menyembelih lembu muda itu yang mana dosa orang yang memberikan korban itu telah dialihkan, maka imam akan memercikkan darahnya di sekeliling mezbah dan jalan masuk ke kemah pertemuan. Ini karena, seperti yang kita baca dalam Imamat 17:11, *"Karena nyawa makhluk ada di dalam darahnya dan Aku telah memberikan darah itu kepadamu di atas mezbah untuk mengadakan pendamaian bagi nyawamu, karena darah mengadakan pendamaian dengan perantaraan nyawa"* darah melambangkan nyawa. Untuk alasan yang sama, Yesus mencurahkan darah-Nya untuk menebus kita dari dosa.

"Di sekeliling mezbah" menandakan timur, barat, utara, dan selatan, atau lebih sederhananya, "kemana pun manusia pergi." Memercikkan darah "di sekitar mezbah" berarti bahwa dosa-dosa manusia diampuni kemana pun ia melangkah. Itu berarti bahwa kita akan menerima pengampunan atas dosa yang dilakukan dalam cara apa pun dan menerima arahan ke jalan mana yang Allah ingin kita tuju, jauh dari jurusan yang pasti harus kita hindari.

Sama halnya dengan sekarang. Mezbah adalah mimbar dari mana Firman Allah dinyatakan, dan hamba Allah yang memimpin kebaktian penyembahan memainkan peranan sebagai imam yang memercikkan darah. Di kebaktian penyembahan, kita mendengar Firman Allah dan oleh iman serta diperlengkapi oleh darah Tuhan Kita, kita menerima pengampunan atas segala sesuatu yang telah kita lakukan yang bertentangan dengan kehendak Allah. Begitu diampuni dari dosa oleh darah, kita hanya pergi dan berusaha kemana Allah inginkan kita pergi dan melangkah, untuk selalu berada jauh dari perbuatan dosa.

4) Menguliti Korban Bakaran dan Memotongnya Kecil-Kecil

Hewan yang dikorbankan sebagai korban bakaran pertama-tama harus dikuliti dan dibakar sepenuhnya oleh api. Kulit hewan itu keras, sulit untuk dibakar sepenuhnya, dan ketika terbakar baunya tidak enak. Karenanya, agar hewan itu dapat menjadi persembahan yang aromanya wangi, pertama-tama haruslah dikuliti dulu. Manakah aspek dari kebaktian penyembahan sekarang yang dapat dibandingkan dengan prosedur ini?

Allah mencium aroma orang yang menyembah Dia dan tidak menerima apa pun yang tidak wangi. Agar penyembahan kita menjadi aroma yang wangi bagi Allah, kita harus "membuang penampilan yang dinodai oleh dunia dan datang ke hadapan Allah dengan cara yang saleh dan kudus." Sepanjang hidup kita, kita menemui banyak aspek berbeda dalam hidup yang tidak bisa dianggap berdosa di hadapan Allah tetapi jauh dari saleh atau kudus. Penampilan duniawi yang demikian yang ada pada diri kita sebelum kita dalam Kristus masih ada, dan kemewahan, vanity, serta membual mungkin masih akan ada.

Misalnya, ada orang yang senang pergi ke pasar atau toko untuk "belanja mata" sehingga mereka pergi dan berbelanja secara teratur. Orang lain kecanduan televisi atau video game. Jika hati kita ditarik oleh hal-hal semacam itu, kita akan semakin menjauh dari kasih Allah. Terlebih lagi, jika kita memeriksa diri kita sendiri, kita akan dapat menemukan tampilnya ketidakbenaran yang dinodai dunia dan tampilan itu tidak sempurna di hadapan Allah. Untuk dapat menjadi sempurna di hadapan Allah, kita harus membuang semua ini. Ketika kita datang menyembah Dia, kita harus pertama-tama bertobat dari segala aspek duniawi dan hati kita harus menjadi lebih saleh dan kudus.

Bertobat dari tampilan noda dunia yang berdosa, tidak bersih, dan tak sempurna sebelum kebaktian penyembahan sama dengan menguliti binatang dalam korban bakaran. Untuk dapat melakukan ini, kita harus menyiapkan hati kita agar menjadi layak dengan datang lebih awal sebelum kebaktian penyembahan. Pastikan Anda mempersembahkan doa syukur kepada Allah karena telah mengampuni Anda dari semua dosa dan melindungi Anda, serta mempersembahkan doa pertobatan saat Anda memeriksa diri sendiri.

Ketika seseorang mempersembahkan kepada Allah binatang yang telah dikuliti, dipotong-potong, dan dibakar,

Allah sebaliknya akan memberikan orang itu pengampunan atas pelanggaran dan dosa-dosanya, serta membuat imam itu menggunakan sisa kulitnya untuk keperluan yang ia anggap sesuai. "Memotong-motong" merujuk pada memotong kepala dan kaki hewan, lambung, dan seperempat belakangnya, memisahkan isi perutnya.

Ketika kita menyajikan buah-buahan seperti semangka atau apel kepada senior kita, kita tidak memberikan kepada mereka seluruh bagian buah itu; kita mengupas dan membuatnya terlihat layak dimakan. Demikian juga, dalam memberikan persembahan kepada Allah, kita tidak membakar seluruh korban itu tetapi mempersembahkan kepada Dia dalam bentuk yang teratur rapi.

Apa makna rohani dari "memotong-motong" ini?

Pertama, ada kategori dari jenis-jenis penyembahan berbeda yang dipersembahkan kepada Allah. Ada Kebaktian Minggu Pagi dan Kebaktian Minggu Malam, Kebaktian Rabu Malam, serta Kebaktian Jumat-Semalaman. Pembagian kebaktian penyembahan ini setara dengan "memotong-motong" korban persembahan ini.

Kedua, pembagian isi pokok doa kita setara dengan "memotong-motong" korban persembahan. Umumnya, doa dibagi menjadi doa pertobatan dan mengusir roh jahat, diikuti oleh doa syukur. Lalu beralih ke topik-topik gereja; pembanguna Ruang Kudus; untuk para pendeta dan pekerja gereja; untuk melakukan tugas seseorang; untuk kemakmuran jiwa seseorang; untuk kerinduan hari seseorang, dan doa penutup. Tentu saja, kita dapat berdoa sambil berjalan di jalan, menyetir, atau beristirahat. Kita dapat memiliki waktu persekutuan dalam diam sambil memikirkan tentang Allah dan merenung tentang Tuhan kita. Ingatlah bahwa selain dari waktu meditasi, memiliki waktu untuk mendoakan topik doa satu persatu sama pentingnya denggan memotong-motong persembahan itu. Allah kemudian akan dengan senang menerima doa kita dan menjawabnya dengan cepat.

Ketiga, "memotongt-motong" korban persembahan artinya Firman Allah sebagai keseluruhan dibagi ke dalam 66 Kitab. Ke-66 Kitab dalam Alkitab menerangkan secara kesatuan akan Allah yang hidup dan rencana keselamatan melalui Yesus Kristus. Namun, Firman Allah dibagi dalam kitab-kitab tersendiri, dan Firman-Nya dalam masing-masing kitab saling mengisi tanpa ada kesenjangan di antara mereka. Karena Firman Allah dibagi ke dalam kategori-kategori berbeda, kehendak Allah disampaikan secara lebih sistematis dan lebih mudah bagi kita untuk menjadikannya roti hidup.

Keempat, dan merupakan yang paling penting, "memotong-motong" korban artinya kebaktian penyembahan itu sendiri dibagi ke dalam dan terdiri atas berbagai komponen. Doa pertobatan sebelum memulai kebaktian diikuti oleh komponen pertama, renungan singkat yang mempersiapkan dan memulai kebaktian, dan kebaktian diakhiri baik dengan Doa Bapa Kami atau dengan pengurapan. Di antaranya, tidak hanya menyatakan Firman Allah, tapi ada juga doa mewakili jemaat, pujian, bacaan firman, persembahan, dan komponen-komponen lainnya. Masing-masing proses membawa maknanya sendiri, dan menyembah dalam urutan spesifik sama dengan memotong-motong korban persembahan itu.

Sama seperti membakar semua bagian dari korban melengkapi korban bakaran, kita harus mengabdikan diri kita sepenuhnya pada kebaktian penyembahan dari awal hingga akhir secara keseluruhan. Orang yang datang ke kebaktian tidak boleh datang terlambat atau keluar selama kebaktian untuk mengurusi hal pribadi kecuali memang sangat perlu. Ada orang yang harus melakukan tugas tertentu di gereja seperti sukarela sebagai penerima tamu, dan dalam hal demikian Anda boleh meninggalkan kursi Anda. Orang-orang mungkin ingin datang tepat waktu ke Kebaktian Rabu Malam atau Kebaktian Jumat Semalaman tetapi terpaksa datang terlambat karena pekerjaan atau keadaan lain yang tak dapat dihindari. Bahkan walaupun demikian, Allah akan melihat hati mereka dan menerima aroma penyembahan mereka.

5) Imam Menaruh Api di Mezbah dan Mengatur Kayu Bakar di Atas Api

Setelah memotong-motong korban, imam harus mengatur semua potongan itu di atas mezbah dan membakarnya. Itulah sebabnya mengapa imam diperintahkan untuk "menaruh api di mezbah dan mengatur kayu bakar di perapian." Di sini "api" secara rohani menandakan api Roh Kudus dan "kayu bakar di perapian" merujuk pada konteks dan isi Alkitab. Masing-masing kata di dalam 66 Kitab Alkitab digunakan sebagai kayu bakar. "Mengatur kayu bakar di perapian" adalah, dalam istilah rohani, membuat roti rohani dari masing-masing firman isi Alkitab di tengah pekerjaan Roh Kudus.

Misalnya, dalam Lukas 13:33 Yesus berkata *"Tidaklah semestinya seorang nabi dibunuh kalau tidak di Yerusalem."* Suatu usaha untuk memahami ayat ini secara harfiah akan menjadi sia-sia, karena kita tahu banyak hamba Allah, seperti para rasul Paulus dan Petrus, yang mati "di luar Yerusalem." Namun, dalam ayat itu, "Yerusalem" tidak merujuk pada kota jasmani, melainkan kota yang membawa hati dan kehendak Allah, yang merupakan "Yerusalem Rohani", yang merupakan "Firman Allah." Karenanya, "Tidaklah semestinya seorang nabi dibunuh kalau tidak di Yerusalem" berarti seorang nabi hidup dan mati dalam naungan Firman Allah.

Memahami apa yang kita baca di dalam Alkitab dan pesan khotbah yang kita dengarkan selama kebaktian penyembahan hanya dapat dilakukan oleh inspirasi Roh Kudus. Segala bagian Firman Allah yang berada di luar pengetahuan, pikiran, dan spekulasi manusia, dapat dipahami melalui inspirasi Roh Kudus dan barulah kita dapat percaya pada Firman dari dalam hati kita. Ringkasnya, kita hanya tumbuh secara rohani ketika kita memahami Firman Allah oleh pekerjaan dan inspirasi Roh Kudus yang membuat hati Allah disampaikan kepada kita dan berakar di dalam hati kita.

6) Mengatur Potongan-Potongan Korban, Kepala, dan Lemaknya di Atas Kayu yang Menyala di Atas Mezbah

Imamat 1:8 berkata, *"Anak-anak Harun sang imam besar harus mengatur potongan-potongan korban itu dan kepala serta lemaknya di atas kayu yang sedang menyala di atas mezbah."* Untuk korban bakaran itu, imam harus mengatur potongan-potongannya, dan juga kepala serta lemaknya. Membakar kepala korban menandakan membakar semua pemikiran ketidakbenaran yang berasal dari kepala kita. Ini karena pemikiran kita berasal dari kepala dan kebanyakan dosa dimulai dari kepala. Orang-orang dunia ini tidak akan menghukum seseorang sebagai pendosa jika dosanya tidak kelihatan dalam perbuatan. Namun seperti yang kita baca dalam 1 Yohanes 3:15, *"Setiap orang yang membenci saudaranya, adalah seorang pembunuh manusia,"* Allah menyebut bahwa memendam kebencian itu sendiri sebagai suatu dosa.

Yesus menebus kita dari dosa 2.000 tahun lalu. Ia telah menebus kita dari dosa yang kita lakukan tidak hanya dengan tangan dan kaki kita, tetapi juga dengan kepala kita. Yesus dipakukan pada tangan dan kaki-Nya untuk menebus kita dari dosa-dosa yang kita lakukan dengan tangan dan kaki kita, dan Ia mengenakan mahkota duri untuk menebus kita dari dosa-dosa yang kita lakukan dengan pikiran kita yang berasal di kepala kita. Karena kita telah diampuni dari dosa-dosa yang kita lakukan dengan pikiran kita, kita tidak harus memberikan kepada Allah kepala hewan sebagai korban. Alih-alih dari kepada hewan, kita perlu membersihkan kepala kita oleh api Roh Kudus, dan kita melakukan ini dengan membuang pikiran kejahatan dan memikirkan kebenaran sepanjang waktu.

Ketika kita menyimpan kebenaran setiap saat, kita tidak lagi menyimpan pikiran kejahatan atau pikiran kosong. Sama seperti Roh Kudus membawa orang-orang membuang pikiran kosong dengan berkonsentrasi pada pesan, dan menanamkan dalam hati mereka selama penyembahan, mereka akan dapat mempersembahkan kepada Allah penyembahan rohani yang akan Ia terima.

Terlebih lagi, lemaknya, yang merupakan lemak berat dari hewan, adalah sumber energi dan hidup itu sendiri. Yesus menjadi korban sampai titik mencurahkan darah dan air-Nya. Ketika kita percaya kepada Yesus sebagai Tuhan kita, kita tidak lagi perlu mengorbankan kepada Allah lemak hewan.

Namun, "percaya kepada Tuhan" tidak dipenuhi hanya dengan mengaku dengan mulut, "Aku percaya." Jika sungguh percaya bahwa Tuhan telah menebus kita dari dosa, kita harus membuang dosa, diubahkan oleh Firman Allah, dan menjalani hidup yang kudus. Bahkan dalam waktu-waktu penyembahan, kita harus membawa semua energi kita – tubuh kita, hati, kehendak, dan usaha terbaik kita – dan mempersembahkan kebaktian penyembahan kepada Allah. Orang yang membawa semua energinya untuk menyembah tidak hanya menyimpan firman Allah di dalam kepalanya, tetapi melakukannya di dalam hatinya. Hanya ketika Firman Allah dilakukan di dalam hati maka itu dapat menjadi kehidupan, kekuatan, dan berkat secara rohani dan jasmani.

7) Imam Membasuh Isi Perut dan Kaki Korban dengan Air, dan Mempersembahkannya di Asap Mezbah

Sementara bagian lainnya dipersembahkan sebagaimana adanya, Allah memerintahkan agar isi perut dan kaki, serta bagian hewan itu yang najis, dibasuh dengan air dan dipersembahkan. "Membasuh dengan air" merujuk pada membasuh kenajisan dari orang yang melakukan persembahan. Apakah kenajisan yang harus dibersihkan? Sementara orang-orang di masa Perjanjian lama membersihkan kenajisan dari korban persembahan, maka orang-orang di masa Perjanjian Baru harus mencuci kenajisan dari hati.

Dalam Matius 15 ada adegan di mana orang-orang Farisi dan para ahli Taurat menegur murid-murid Yesus karena makan dengan tangan yang kotor. Kepada mereka Yesus berkata, *"Bukan yang masuk ke dalam mulut yang menajiskan orang, melainkan yang keluar dari mulut, itulah yang menajiskan orang"* (ay. 11). Dampak dari apa yang masuk ke dalam mulut berakhir ketika dikeluarkan; namun, apa yang keluar dari mulut yang berasal dari hati memiliki dampak yang lama. Seperti yang dikatakan selanjutnya oleh Yesus dalam ayat 19-20, *"Karena dari hati timbul segala pikiran jahat, pembunuhan, perzinahan, percabulan, pencurian, sumpah palsu dan hujat. Itulah yang menajiskan orang. Tetapi makan dengan tangan yang tidak dibasuh tidak menajiskan orang,"* Kita harus membersihkan dosa dan kejahatan dari hati dengan Firman Allah. Semakin Firman Allah masuk ke dalam hati kita, maka akan semakin banyak dosa dan kejahatan yang akan dibuang dan dibersihkan dari kita. Misalnya, jika seseorang membuat roti kasih dan hidup menurut itu, kebencian akan dihilangkan. Jika seseorang membuat roti kerendahan hati, itu akan menggantikan kesombongan. Jika seseorang membuat roti kebenaran, kepalsuan dan tipu daya akan menghilang. Semakin banyak seseorang membuat roti kebenaran dan hidup menurutnya, akan semakin banyak karakter dosa yang dapat dibuangnya. Alaminya, iman orang ini akan tumbuh pelan-pelan dan mencapai ukuran yang sesuai dengan kepenuhan Kristus. Sampai sejauh tahap imannya, maka kuasa dan otoritas Allah akan menyertai dia. Ia tidak hanya akan menerima kerinduan hatinya, tetapi juga berkat dalam segala aspek hidupnya.

Hanya setelah isi perut dan kakinya telah dibasuh dan semuanya ditaruh di atas api baru korban ini akan mengeluarkan aroma yang wangi. Imamat 1:9 mendefinisikan ini sebagai *"korban api-apian yang baunya menyenangkan bagi TUHAN."* Ketika kita memberikan kebaktian penyembahan dalam roh dan kebenaran kepada Allah menurut Firman-Nya dalam korban bakaran, penyembahan itu akan menjadi korban oleh api yang menyukakan hati Allah dan akan membawa turun jawaban-jawaban dari-Nya. Hati kita yang menyembah akan menjadi aroma yang wangi di hadapan Allah dan jika Ia disukakan, maka Ia akan memberi kepada kita kesejahteraan dalam segala aspek hidup kita.

5. Mempersembahkan Domba atau Kambing (Imamat 1:10-13)

1) Domba Jantan Muda atau Kambing Jantan yang Tanpa Cela

Serupa dengan mempersembahkan korban lembu jantan, apakah itu domba atau kambing, persembahan itu haruslah jantan dan tidak bercela. Dalam istilah rohani, memberikan korban yang tanpa cela merujuk pada menyembah di hadapan Allah dengan hati yang sempurna ditandai dengan sikap yang penuh sukacita. Allah memerintahkan agar hewan jantan yang dikorbankan menandakan "menyembah dengan hati yang bersih tanpa goyah." Sementara korban persembahan dapat berbeda menurut kemampuan keuangan masing-masing orang, sikap dari orang yang memberikan korban itu haruslah selalu kudus dan sempurna terlepas dari apa korbannya.

2) Korban Persembahan Harus Disembelih Di Sisi Utara Mezbah, dan Imam Memercikkan Darahnya ke Empat Penjuru Mezbah

Sama halnya seperti mempersembahkan lembu jantan, tujuan dari memercikkan darah hewan ke sekeliling sisi mezbah adalah dalam menerima pengampunan dari dosa yang dilakukan di mana-mana—ke timur, barat, utara, dan selatan. Allah memberikan korban tebusan dengan darah dari hewan yang dikorbankan kepada Dia menggantikan manusia.

Mengapa Allah memerintahkan agar korban itu disembelih di bagian utara mezbah? "Bagian utara" atau "sisi utara" secara rohani melambangkan dingin dan gelap; itu adalah ungkapan yang sering digunakan untuk merujuk pada sesuatu yang Allah tertibkan atau tegur, dan yang tidak disukai oleh Allah. Dalam Yeremia 1:14-15 kita membaca,

> *"Dari utara akan mengamuk malapetaka menimpa segala penduduk negeri ini. Sebab sesungguhnya, Aku memanggil segala kaum kerajaan sebelah utara, demikianlah firman TUHAN, dan mereka akan datang dan mendirikan takhtanya masing-masing di mulut pintu-pintu gerbang Yerusalem, dekat segala tembok di sekelilingnya dan dekat segala kota Yehuda."*

Dalam Yeremia 4:6 Allah berkata kepada kita, *"Cepat-cepatlah kamu mengungsi, jangan tinggal diam! Sebab Aku mendatangkan malapetaka dari utara dan kehancuran yang besar."* Seperti yang kita lihat dalam Alkitab, "arah utara" menandakan hukuman dan teguran Allah, dan semacamnya, hewan yang telah menanggung semua dosa manusia harus disembelih di "sisi utara", melambangkan suatu kutuk.

3) Korban Dipotong-potong dengan Kepala dan Lemaknya Diatur di Kayu Pembakaran; Isi Perut dan Kakinya Dibasuh dengan Air; Semuanya Dipersembahkan dalam Asap di Mezbah

Dengan cara yang sama seperti mengorbankan lembu jantan, korban bakaran berupa anak domba dan kambing juga harus diberikan kepada Allah untuk menerima pengampunan dari dosa-dosa yang kita lakukan dengan kepala, tangan, dan kaki kita. Perjanjian Lama adalah seperti bayangan dari Perjanjian Baru Allah ingin agar kita menerima pengampunan dosa bukan hanya berdasarkan usaha, tetapi oleh hati kita yang disunat dan hidup menurut Firman-Nya. Ini adalah mempersembahkan kebaktian penyembahan rohani kepada Allah dengan segenap tubuh, hati, dan kehendak kita, dan untuk menjadikan Firman Allah sebagai roti hidup kita oleh inspirasi Roh Kudus untuk membuang ketidakbenaran dan hidup menurut kebenaran.

6. Mempersembahkan Burung (Imamat 1:14-17)

1) Burung Tekukur atau Merpati Muda

Burung tekukur adalah burung yang paling cerdas dan paling penurut, serta taat kepada manusia. Karena dagingnya lembut dan tekukur pada umumnya menawarkan banyak manfaat bagi manusia, Allah memerintahkan agar burung tekukur atau merpati muda dipersembahkan. Di antara burung tekukur, Allah menginginkan agar burung tekukur muda yang dikorbankan karena Ia ingin menerima korban yang bersih dan lembut. Karakter dari tekukur muda ini melambangkan kerendahan hati dan kelembutan Yesus yang menjadi korban.

2) Imam Membawa Korban ke Mezbah, Memuntir Kepalanya, Mematahkan Sayapnya Tetapi Tidak Memutuskannya; Imam Mempersembahkannya di Atas Api Mezbah, dengan Darahnya Mengalir dari Sisi Mezbah

Sejak masih muda, burung tekukur ukurannya kecil, mereka tak dapat dibunuh dan dipotong-potong, dan hanya sdikit darah yang dapat dicurahkan. Untuk alasan itu, tidak seperti hewan lainnya yang disembelih di sisi mezbah sebelah utara, kepalanya terpuntir dengan darahnya mengucur keluar; bagian ini juga termasuk menumpangkan tangan pada kepala burung tekukur. Sementara darah korban harus dipercikkan di sekeliling mezbah, upacara penebusan itu harus berlangsung hanya dengan darah yang tercurah di sisi mezbah karena sedikitnya darah yang dimiliki burung.

Terlebih lagi, karena tubuhnya yang kecil, jika burung akan dipotong-potong maka bentuknya tidak akan dapat dikenalli. Itulah sebabnya mengapa hanya terlihat mematahkan sayap burung itu tetapi tidak melepaskannya dari tubuhnya. Untuk burung, sayap adalah nyawa mereka. Fakta bahwa sayap burung dipatahkan melambangkan bahwa manusia telah sepenuhnya menyerahkan dirinya ke hadapan Allah dan memberikan bahkan nyawanya kepada Dia.

3) Tembolok Korban dan Bulunya Disisihkan di Sisi Mezbah Sebelah Timur di Tempat Abu

Sebelum menyiapkan korban burung di pembakaran sebagai korban, tembolok burung dan bulunya harus dibuang. Sementara isi perut lembu jantan, domba dan kambing tidak dibuang tetapi dibakar setelah membasuhnya dengan air, sulit sekali untuk membersihkan tembolok dan isi perut burung, Allah mengizinkan ini untuk dibuang. Tindakan membuang tembolok burung dan bulunya, sama seperti membersihkan bagian-bagian lembu dan domba yang najis, melambangkan pembasuhan hati kita yang najis dan perbuatan kita di masa lalu dalam dosa dan kejahatan dengan menyembah Allah dalam roh dan kebenaran.

Tembolok Korban dan Bulunya Disisihkan di Sisi Mezbah Sebelah Timur di Tempat Abu Kita membaca dalam Kejadian 2:8 bahwa Allah *"Selanjutnya TUHAN Allah membuat taman di Eden, di sebelah timur."* Makna rohani dari "timur" adalah ruang yang dikelilingi oleh terang. Bahkan di bumi tempat kita tinggal, arah timur adalah arah dari mana matahari terbit dan begitu matahari terbit, maka kegelapan malam akan hilang.

Apa persamaan dari membuang tembolok burung dengan bulunya di sebelah mezbah menghadap ke timur?

Ini melambangkan kita datang ke hadapam Tuhan, yang merupakan Terang, setelah membuang dosa dan kejahatan dengan memberikan kepada Allah korban bakaran. Seperti yang kita baca dalam Efesus 5:13, *"Tetapi segala sesuatu yang sudah ditelanjangi oleh terang itu menjadi nampak, sebab semua yang nampak adalah terang,"* kita membuang dosa dan kejahatan yang kita temukan dan menjadi anak-anak Allah dengan datang ke hadapan Terang. karenanya, membuang ketidakmurnian dari korban ke arah timur secara rohani menandakan bagaimana kita, yang telah hidup di tengah ketidakmurnian rohani—dosa dan kejahatan, membuang dosa dan menjadi anak-anak Allah.

Melalui korban bakaran berupa lembu jantan, anak domba, kambing, dan burung, kita kini dapat memahami kasih dan keadilan Allah. Allah memerintahkan korban bakaran karena Ia ingin agar orang Israel menjalani setiap saat hidup mereka dalam persekutuan yang langsung dan intim dengan Dia dengan selalu memberikan kepada-Nya korban bakaran. Ketika Anda mengingat ini, saya berharap akan menyembah dalam roh dan kebenaran, dan tidak hanya menjaga kekudusan Hari Tuhan, melainkan mempersembahkan kepada Allah aroma yang wangi dari hati Anda 365 hari selama setahun. Maka, Allah kita yang telah berjanji kepada kita, *"dan bergembiralah karena TUHAN; maka Ia akan memberikan kepadamu apa yang diinginkan hatimu"* (Mazmur 37:4), akan mencurahkan kepada kita kemakmuran dan berkat yang luar biasa kemana pun kita pergi.

Bab 4

Persembahan

"Apabila seseorang hendak mempersembahkan persembahan berupa korban sajian kepada TUHAN, hendaklah persembahannya itu tepung yang terbaik dan ia harus menuangkan minyak serta membubuhkan kemenyan ke atasnya."

Imamat 2:1

1. Makna Dari Korban Sajian

Imamat 2 menjelaskan korban sajian dan bagaiman mempersembahkannya kepada Allah sehingga dapat menjadi korban yang hidup dan kudus yang berkenan kepada-Nya.

Seperti yang kita baca dalam Imamat 2:1, *"Apabila seseorang hendak mempersembahkan persembahan berupa korban sajian kepada TUHAN, hendaklah persembahannya itu tepung yang terbaik,"* korban sajian adalah korban yang diberikan kepada Allah dengan tepung gandum halus. Ini adalah korban syukur kepada Allah yang telah memberikan kepada kita kehidupan dan memberi kita roti kita setiap hari. Dalam istilah sekarang, ini menandakan korban syukur selama Kebaktian Penyembahan Minggu diberikan kepada Allah karena telah melindungi kita minggu sebelumnya.

Dalam korban yang diberikan kepada Allah, perlu mencurahkan darah hewan sedemikian seperti lembu jantan atau anak domba sebagai korban penghapus dosa. Ini karena pengampunan atas dosa-dosa kita melalui penumpahand arah hewan memastikan penyampaian doa-doa kita dan supplications kepada Allah yang Kudus. Namun, korban sajian adalah korban syukur yang tidak memerlukan penumpahan darah pada umumnya dan diberikan bersama korban bakaran. Manusia memberikan kepada Allah buah pertama mereka dan segala yang terbaik dari panen yang mereka tuai sebagai korban sajian karena Ia telah memberi kepada mereka benih untuk menabur, memberi mereka makanan, dan melindungi mereka sampai tiba waktunya panen.

Tepung biasanya dipersembahkan sebagai korban sajian. Tepung halus, roti yang dipanggang di oven, dan bulir-bulir gandum yang baru matang digunakan, dan semua korban sajian itu dibumbui dengan garam dan ditambahkan kemenyan. Kemudian segenggam persembahan ini dipersembahkan di api untuk menyenangkan Allah dengan aromanya.

Kita membaca dalam Keluaran 40:29, *"Mezbah korban bakaran ditempatkannyalah di depan pintu Kemah Suci, yakni Kemah Pertemuan itu, dan dipersembahkannyalah di atasnya korban bakaran dan korban sajian-seperti yang diperintahkan TUHAN kepada Musa."* Allah memerintahkan agar ketika diberikan korban bakaran, diberikan juga korban sajian pada saat yang sama. Karenanya, kita akan memberikan kepada Allah kebaktian penyembahan rohani secara keseluruhan hanya ketika kita memberikan persembahan syukur kita pada Kebaktian Penyembahan Minggu.

Etimologi dari "korban sajian" adalah "korban" dan "hadiah." Allah tidak mau kita datang ke berbagai kebaktian penyembahan dengan tangan kosong melainkan mendemonstrasikan perbuatan hati yang penuh syukur dengan memberikan kepada Dia persembahan syukur. Untuk alasan ini Ia menyuruh kita dalam 1 Tesalonika 5:18, *"Mengucap syukurlah dalam segala hal, sebab itulah yang dikehendaki Allah di dalam Kristus Yesus bagi kamu,"* dan di dalam Matius 6:21, *"Karena di mana hartamu berada, di situ juga hatimu berada."*

Mengapa kita harus mengucapkan syukur dalam segala sesuatu dan mempersembahkan kepada Allah korban sajian? Pertama-tama, semua umat manusia telah menuju jalan kehancuran karena ketidaktaatan Adam, tetapi Allah memberi Yesus sebagai propitiation atas dosa kita. Yesus telah menebus kita dari dosa dan melalui Dia kita telah memperoleh hidup kekal. Karena Allah, yang telah menciptakan segalanya di alam semesta ini dan manusia, sekarang adalah Bapa kita, kita dapat menikmati otoritas sebagai anak-anak Allah. Ia telah membuat kita dapat memiliki Surga yang kekal sehingga bagaimana bisa kita tidak bersyukur kepada-Nya?

Allah juga memberi kepada kita matahari dan mengendalikan hujan, angin, dan iklim yang kita nikmati sehingga kita dapat menuai panen berlimpah yang darinya Ia memberi kita makanan setiap hari. Kita harus mengucap syukur kepada-Nya. Terlebih lagi, Allahlah yang melindungi masing-masing kita dari dunia ini tempat berkumpulnya dosa, kejahatan, penyakit, dan kecelakaan. Ia menjawab doa-doa kita yang dipersembahkan oleh iman dan Ia selalu memberkati kita untuk menjalani hidup yang berkemenangan. Jadi, bagaimana bisa kita tidak mengucap syukur!

2. Persembahan Korban Sajian

Dalam Imamat 2:1 Allah berkata, *"Apabila seseorang hendak mempersembahkan persembahan berupa korban sajian kepada TUHAN, hendaklah persembahannya itu tepung yang terbaik dan ia harus menuangkan minyak serta membubuhkan kemenyan ke atasnya.*" Tepung yang dipersembahkan kepada Allah sebagai korban sajian haruslah digiling halus. Perintah Allah agar tepung yang dipersembahkan harus "halus" menandakan jenis hati yang harus kita persembahkan kepada-Nya. Untuk membuat tepung yang digiling halus, tepung mengalami berbagai proses termasuk dikelupas, digiling, dan disaring. Masing-masing proses ini memerlukan banyak usaha dan perhatian. Warna makanan yang dibuat dengan tepung halus tampak indah dilihat dan rasanya lebih enak.

Makna rohani di balik perintah Allah agar korban sajian adalah "tepung yang halus" berarti Allah akan menerima korban yang disiapkan dengan perhatian sangat besar dan sukacita. Ia akan senang menerima ketika kita mendemonstrasikan hati syukur kita dalam perbuatan, bukan hanya ketika kita mengucap syukur dengan bibir kita. Karenanya, ketika memberikan perpuluhan atau persembahan syukur, kita harus memastikan bahwa kita memberikan dengan segenap hati sehingga Allah akan menerimanya dengan senang.

Allah adalah penguasa segala sesuatu dan Ia memerintahkan manusia untuk memberi Dia persembahan, tetapi itu bukan karena Ia kekurangan sesuatu. Ia memiliki kuasa untuk meningkatkan kekayaan masing-masing dan setiap orang dan mengambil harta milik siapa saja. Alasan Allah ingin menerima persembahan dari kita adalah supaya Ia dapat memberkati kita dengan lebih besar lagi dan lebih berlimpah melalui persembahan yang kita berikan kepada Dia oleh iman dan kasih. Sperti yang kita temukan dalam 2 Korintus 9:6, *"Camkanlah ini: Orang yang menabur sedikit, akan menuai sedikit juga, dan orang yang menabur banyak, akan menuai banyak juga,"* menuai sesuai dengan apa yang ditabur adalah hukum dalam alam rohani. Agar Ia dapat memberkati kita lebih lagi dengan lebih berlimpah, Allah mengajar kita untuk memberi-Nya persembahan syukur.

Ketika kita percaya akan fakta ini dan memberikan persembahan ini, kita harus secara alami memberikan dengan segenap hati kita, sama seperti kita akan memberikan persembahan tepung halus kepada Allah, dan kita harus memberikan kepada Dia persembahan yang paling berharga yang tidak bercela dan murni.

"Tepung halus" juga menandakan sifat dan hidup Yesus, keduanya adalah sempurna. Ini juga mengajar kita bahwa sama seperti kita memberikan perhatian paling penuh saat membuat tepung halus, kita harus menjalani hidup kita dengan kerja keras dan ketaatan.

Ketika memberikan korban sajian dengan tepung gandum, setelah mencampur tepung itu dengan minyak dan memanggangnya di oven atau menuangnya sebagai adonan di loyang, atau di panci untuk dibakar, maka orang-orang mempersembahkannya di perapian di mezbah. Fakta bahwa korban sajian dipersembahkan dengan cara-cara berbeda menandakan bahwa alat yang dijadikan untuk mencari nafkah dan alasan mengucap syukur juga berbeda-beda.

Dengan kata lain, selain semua alasan ini agar kita mengucap syukur di hari Minggu, kita dapat mengucap syukur karena menerima berkat atau jawaban atas kerinduan hati kita, setelah mengatasi godaan dan pencobaan oleh iman; dan semacamnya, Namun, sama seperti Allah memerintahkan kita untuk "mengucap syukur dalam segala sesuatu," kita harus mencari alasan untuk bersyukur dan mengucap syukur sepatutnya. Barulah kemudian Allah akan menerima aroma hati kita dan memastikan alasan untuk bersyukur berlimpah dalam hidup kita.

3. Memberikan Korban Sajian

1) Korban Sajian Berupa Tepung Halus dengan Minyak dan Kemenyan di Atasnya

Menuangkan minyak ke tepung halus akan membuat tepung menjadi adonan dan mengubahnya menjadi roti yang baik, sementara menaruh kemenyan pada roti akan meningkatkan mutu dan tampilan korban ini. Ketika ini dibawa kepada imam, ia mengambilnya segenggam dari tepung halus itu dan minyaknya dengan semua kemenyannya, dan mempersembahkannya di perapian di mezbah. Ini adalah ketika aroma yang mewangi akan keluar.

Apa makna yang dari menuangkan minyak ke tepung ini?

"Minyak" di sini mengacu pada lemak hewan atau minyak-resin yang diekstrak dari tanaman. Mencampur tepung halus dengan "minyak" menandakan bahwa kita harus memberikan setiap energi yang kita miliki – seluruh hidup kita – dalam memberikan persembahan kepada Allah. Ketika kita menyembah Allah atau memberikan persembahan kepada Dia, Allah memberi kita inspirasi dan kepenuhan Roh Kudus dan membuat kita dapat menjalani hidup di mana kita memiliki persekutuan yang langsung dan intim dengan Dia. Menuangkan minyak melambangkan bahwa ketika memberi apa pun kepada Allah, kita harus memberikannya kepada Dia dengan segenap hati kita.

Apa artinya menaruh kemenyan ke atas korban persembahan itu?

Kita membaca dalam Roma 5:7, *"Sebab tidak mudah seorang mau mati untuk orang yang benar-tetapi mungkin untuk orang yang baik ada orang yang berani mati."* Namun, menurut kehendak Allah, Yesus mati bagi kita, yang tidak saleh ataupun baik, melainkan berdosa. Sekarang, seberapa wanginya aroma kasih Yesus bagi Allah? Beginilah Yesus menghancurkan otoritas maut, dibangkitkan, duduk di sebelah kanan Allah, menjadi Raja segala raja, dan menjadi aroma wangi yang sungguh luar biasa berharga di hadapan Allah.

Efesus 5:2 mendesak kita untuk *"hidup di dalam kasih, sebagaimana Kristus Yesus juga telah mengasihi kamu dan telah menyerahkan diri-Nya untuk kita sebagai persembahan dan korban yang harum bagi Allah."* Ketika Yesus dipersembahkan kepada Allah sebagai korban Ia seperti korban persembahan dengan kemenyan yang wangi. Karenanya, saat kita menerima kasih Allah, kita juga harus mempersembahkan diri kita sebagai aroma yang wangi, seperti yang Yesus lakukan.

"Menaruh kemenyan pada tepung halus" artinya sama seperti Yesus memuliakan Allah dengan aroma yang wangi melalui sikap dan perbuatan-Nya, kita harus hidup oleh Firman Allah dengan segenap hati kita dan memuliakan Dia dengan mengeluarkan aroma Kristus. Hanya ketika kita mempersembahkan korban persembahan kepada Allah ketika mengeluarkan aroma Kristus, maka persembahan kita akan menjadi korban sajian yang layak diterima Allah.

2) Tidak Ada Ragi Atau Madu yang Ditambahkan

Imamat 2:11 berkata, *"Suatu korban sajian yang kamu persembahkan kepada TUHAN janganlah diolah beragi, karena dari ragi atau dari madu tidak boleh kamu membakar sesuatupun sebagai korban api-apian bagi TUHAN."* Allah memerintahkan agar tidak ada ragi atau madu yang ditambahkan pada roti yang dipersembahkan kepada Allah karena sama seperti ragi memfermentasi adonan yang terbuat dari tepung, "ragi" rohani juga akan merusak persembahan kita.

Allah yang sempurna dan tidak berubah ingin agar persembahan kita tetap tidak rusak dan dipersembahkan kepada Dia seperti tepung halus itu sendiri – dari dalam hati kita. Karenanya, ketika kita memberikan persembahan, kita harus memberikannya dengan hati yang tidak berubah, bersih, dan murni, serta dalam ucapan syukur, kasih, dan iman kepada

Allah.

Ketika memberikan persembahan, ada orang yang memikirkan bagaimana orang lain akan memandang mereka dan akhirnya memberi hanya demi formalitas. Ada orang yang memberi dengan hati yang dipenuhi duka dan keprihatinan. Namun, sama seperti yang diperingatkan oleh Yesus akan ragi orang Farisi yang merupakan kemunafikan, jika kita memberi sambil berpura-pura kudus hanya di bagian luar dan mencari pengakuan orang lain, hati kita akan menjadi seperti korban sajian yang dinodai oleh ragi dan tidak ada hubungannya dengan Allah.

Karenanya, kita harus memberi tanpa ragi dan dari dalam hati kita kasih dan syukur kepada Allah. Kita tidak boleh menggerutu atau di tengah duka dan keprihatinan tanpa iman. Kita harus memberi dengan melimpah dalam iman yang teguh kepada Allah yang akan menerima persembahan kita dan memberkati kita secara rohani dan jasmani. Untuk mengajar kita makma rohani, Allah memerintahkan agar tidak boleh ada korban persembahan yang diberikan dengan ragi.

Namun, ada waktu-waktu ketika Allah mengizinkan kita untuk memberi Dia persembahan yang dibuat dengan ragi. Persembahan ini tidak ditaruh di api tetapi imam mengunjukkannya di mezbah untuk mengungkapkan pemberian persembahan itu kepada Allah, dan membawanya kembali pada umat untuk dibagi dan dimakan bersama. Ini disebut "persembahan unjukan", yang berbeda dari korban sajian, dibolehkan untuk ditambahi ragi ketika prosedurnya diubah.

Misalkan orang-orang beriman akan datang ke kebaktian penyembahan bukan hanya di hari Minggu tapi juga ke kebaktian yang lain. Ketika orang-orang yang lemah imannya datang ke kebaktian hari Minggu, tetapi tidak datang ke Kebaktian Jumat Semalaman atau Kebaktian Rabu Malam, Allah tidak akan menganggap tindakan mereka sebagai dosa. Dalam hal prosedur, sementara Kebaktian Minggu mengikuti tatanan yang baku, kebaktian penyembahan dengan anggota komunitas sel atau di rumah-rumah jemaat gereja, walaupun juga mengikuti struktur dasar yang terdiri atas khotbah, doa, dan pujian, prosedur ini dapat disesuaikan tergantung pada keadaan. Sementara berpegang pada aturan-aturan dasar dan yang perlu, fakta bahwa Allah memberikan ruang untuk kefleksibelan bergantung pada keadaan atau ukuran iman seseoranga dalah tanda rohani dari pemberian korban yang dibuat dengan ragi.

Mengapa Allah melarang tambahan madu?

Sama seperti ragi, madu juga dapat merusak properti tepung yang halus. Madu di sini merujuk pada sirup manis yang dihasilkan dari sari kurma di Palestina, dan sirup ini dapat terfermentasi serta busuk dengan mudah. Karena alasan ini Allah melarang rusaknya mutu tepung itu dengan menambahkan madu. Ia juga mengatakan kepada kita bahwa ketika anak-anak Allah menyembah atau memberi persembahan kepada-Nya, kita harus melakukannya dari hati sempurna yang tidak menipu atau berubah.

Orang mungkin menganggap bahwa menambahkan madu akan membuat persembahan itu tampak lebih baik. Tidak masalah seberapa pun bagusnya sesuatu kelihatan bagi manusia, namun, Allah senang menerima apa yang Ia perintahkan dan apa yang telah dinazarkan manusia akan diberikan kepada-Nya. Ada orang yang cepat bernazar untuk memberikan sesuatu yang spesifik bagi Allah tapi ketika situasi berubah, mereka berubah pikiran dan memberikan yang lain. Namun, Allah sangat tidak suka ketika orang berubah pikiran mengenai sesuatu yang sudah Allah perintahkan, atau mengubah pikiran mereka mengenai sesuatu yang dinazarkan untuk memperoleh keuntungan pribadi ketika pekerjaan Roh Kudus terlibat. Karenanya, jika ada orang yang telah bernazar untuk mengorbankan suatu hewan, ia harus mempersembahkannya kepada Allah seperti tertulis dalam Imamat 27:9-10, yang berkata, *"Jikalau itu termasuk hewan yang boleh dipersembahkan sebagai persembahan kepada TUHAN, maka apapun dari pada hewan itu yang dipersembahkan orang itu kepada TUHAN haruslah kudus. Janganlah ia menggantinya dan janganlah ia menukarnya, yang baik dengan yang buruk atau yang buruk dengan yang baik. Tetapi jikalau ia menukar juga seekor hewan dengan seekor hewan lain, maka baik hewan itu maupun tukarnya haruslah kudus."*

Allah ingin agar kita memberi kepada Dia dengan hati bersih bukan hanya ketika memberikan persembahan, tetapi dalam segalanya. Jika ada kegoyahan atau tipu dalam hati seseorang, tindakannya tidak akan diterima oleh Allah bila ada hal semacam itu.

Misalnya, Raja Saul mengabaikan perintah Allah, dan mengubahnya sekehendaknya sendiri. Akibatnya, ia tidak menaati Allah. Allah memerintahkan Saul untuk menghancurkan raja Amalek, semua bangsa itu, dan semua binatang yang ada di sana. Namun, setelah memenangkan perang itu oleh kuasa Allah, Saul tidak mengikuti perintah Allah. Ia mengampuni dan membawa raja Amalek Agag dan hewan-hewan yang terbaik. Bahkan setelah ditegur, Saul tidak bertobat melainkan tetapi tidak taat, dan pada akhirnya ia dibuang oleh Allah.

Bilangan 23:19 mengatakan kepada kita, *"Allah bukanlah manusia, sehingga Ia berdusta bukan anak manusia, sehingga Ia menyesal."* Agar kita dapat menyukakan Allah, pertama-tama hati kita harus diubah menjadi hati yang bersih. Tidak masalah seberapa baik sesuatu kelihatannya bagi manusia dan cara berpikirnya, ia tidak pernah boleh melakukan apa yang dilarang Allah dan ini tidak boleh berubah bahkan setelah waktu berlalu. Ketika manusia taat pada kehendak Allah dengan hati yang bersih dan tanpa berubah, Allah senang. Ia menerima persembahan orang itu dan memberkatinya.

Imamat 2:12 berkata, *"Tetapi sebagai persembahan dari hasil pertama boleh kamu mempersembahkanny kepada TUHAN, hanya janganlah dibawa ke atas mezbah menjadi bau yang menyenangkan."* Suatu persembahan haruslah menjadi aroma yang wangi yang akan diterima Allah dengan senang.

Di sini Allah memberi tahu kita bahwa korban sajian harus diletakkan di mezbah untuk satu tujuan mempersembahkannya di api dan mengeluarkan aroma wangi. Tujuan dari kita memberikan korban sajian bukanlah pada perbuatannya, tetapi dalam mempersembahkan kepada Allah aroma hati kita. Terlepas dari seberapa banyak hal baik yang dipersembahkan, jika itu tidak dipersembahkan dengan jenis hati yang menyukakan Allah, itu mungkin menjadi aroma yang wangi bagi manusia tetapi tidak bagi Allah. Ini sama seperti bahwa hadiah dari anak-anak diberikan kepada orangtunya dengan hati yang penuh terima kasih dan cinta atas karunia telah melahirkan dan membesarkan mereka dengan cinta kasih, bukan karena formalitas, akan menjadi sumber sukacita sejati bagi orangtuanya.

Dengan tanda yang sama, Allah tidak ingin kita memberi secara kebiasaan dan menyakinkan diri kita sendiri, "Saya sudah melakukan apa yang harusnya saya lakukan," tetapi memancarkan aroma hati kita yang dipenuhi iman, pengharapan, dan kasih.

3) Dibubuhi dengan Garam

Kita membaca dalam Imamat 2:13, *"Dan tiap-tiap persembahanmu yang berupa korban sajian haruslah kaububuhi garam, janganlah kaulalaikan garam perjanjian Allahmu dari korban sajianmu; beserta segala persembahanmu haruslah kaupersembahkan garam."* Garam larut ke dalam makanan dan mencegahnya busuk serta memberi rasa pada makanan dengan dibubuhkan.

"Dibubuhi garam" secara rohani artinya adalah "berdamai." Sama seperti garam harus larut agar makanan dapat dibumbui, memaikan peran garam yang membuat kita berdamai memerlukan korban dari kematian diri sendiri. Karenanya, perintah Allah agar korban sajian dibubuhi garam artinya kita harus memberikan persembahan kepada Allah dengan mengorbankan diri kita sendiri untuk berdamai.

Sampai titik ini, pertama-tama kita harus menerima Yesus Kristus dan berdamai dengan Allah dengan bergumul sampai titik mengucurkan darah untuk membuang dosa, kejahatan, nafsu, dan diri kita yang lama.

Seandainya ada orang yang dengan sengaja melakukan dosa, yang dianggap Allah sangat berat dan kemudian memberi korban persembahan kepada Allah tanpa bertobat dari dosa-dosanya. Allah tak dapat dengan senang hati menerima persembahan itu karena perdamaian antara orang itu dan Allah sudah rusak. Inilah sebabnya Pemazmur menulis, *"Seandainya ada niat jahat dalam hatiku, tentulah TUHAN tidak mau mendengar"* (Mazmur 66:18). Allah akan dengan senang hati menerima bukan hanya doa kita tetapi juga persembahan kita hanya setelah kita keluar dari dosa, berdamai dari Allah, dan memberi Dia persembahan itu.

Berdamai dengan Allah membutuhkan agar masing-masing orang mengorbankan kematian diri sendiri. Sama seperti rasul Paulus mengaku, "Aku mati setiap hari," hanya ketika seseorang menyangkal dirinya dan memberik korban kematian dirinya barulah ia dapat mencapai perdamaian dengan Allah.

Kita juga harus berdamai dengan saudara-saudari kita seiman. Yesus berkata kepada kita dalam Matius 5:23-24, *"Sebab itu, jika engkau mempersembahkan persembahanmu di atas mezbah dan engkau teringat akan sesuatu yang ada dalam hati saudaramu terhadap engkau, tinggalkanlah persembahanmu di depan mezbah itu dan pergilah berdamai dahulu dengan saudaramu, lalu kembali untuk mempersembahkan persembahanmu itu."* Allah tidak akan menerima persembahan kita dengan senang hati jika kita melakukan dosa, berbuat jahat, dan menyiksa saudara-saudari seiman kita.

Bahkan jika ada saudara seiman yang berbuat jahat kepada kita, kita tak boleh membenci atau menggerutu terhadap dia, melainkan kita harus mengampuni dan berdamai dengannya. Terlepas dari apa pun alasannya, kita tak dapat berselisih dan bertengkar dengan saudara-saudari kita dalam Kristus, atau menyakiti maupun membuat mereka tersandung. Hanya setelah kita berdamai dengan semua orang dan hati kita dipenuhi oleh Roh Kudus, sukacita, dan syukur, maka persembahan kita telah 'dibubuhi dengan garam'.

Juga, dalam perintah Allah, "dibubuhi dengan garam" adalah makna inti dari kemah suci, seperti kita temukan dalam "garam kemah suci Allahmu." Garam diambil dari air laut dan air melambangkan Firman Allah. Sama seperti garam selalu memberikan rasa asin, Firman Allah dari kemah suci juga tidak pernah berubah.

"Dibubuhi garam" pada persembahan yang kita berikan

berarti kita harus percaya pada perjanjian tak berubah dari Allah yang setia dan memberikan dengan sepenuh hati. Dalam memberikan persembahan syukur, kita harus percaya bahwa Allah pasti akan membalas dengan berkat yang dipadatkan, diguncang, dialirkan serta memberi kita 30, 60 serta 100 kali ganda dari apa yang kita berikan.

Ada orang yang berkata, "Saya memberi bukan karena mengharapkan berkat, tapi hanya karena saya ingin memberi." Namun, Allah lebih senang dengan iman orang yang dengan rendah hati mencari berkat-Nya. Ibrani 11 berkata bahwa ketika Musa melepaskan kedudukan pangeran Mesir, ia "mencari upah" yang akan diberikan Allah kepadanya. Yesus kita, yang juga mencari upah, tidak keberatan dengan dipermalukan di salib. Dengan melihat buah yang besar – kemuliaan yang akan diberikan Allah kepada-Nya dan keselamatan umat manusia – Yesus bisa dengan mudah menanggung pedihnya hukuman di kayu salib.

Tentu saja, orang yang "mencari upah" sama sekali berbeda dari hati hitung-hitungan orang lain yang mengharap untuk menerima sesuatu balasan karena ia telah memberikan sesuatu. Bahkan jika tidak ada upah, orang yang dalam kasihnya kepada Allah mungkin siap untuk bahkan menyerahkan nyawanya. Namun, dengan mendalami hati Allah Bapa kita yang rindu untuk memberkati dia dan percaya dalam kuasa Allah, ketika orang itu mencari berkat, perbuatannya akan semakin menyenangkan Allah. Allah telah berjanji bahwa manusia akan menuai apa yang ia tabur, dan Ia akan memberikannya kepada mereka yang mencari. Allah senang dengan kita memberikan persembahan dalam iman kita pada Firman-Nya, seperti juga iman kita yang membuat kita meminta berkat Allah menurut janji-Nya.

4) Sisa Korban Sajian Adalah Milik Harun dan Anak-Anaknya

Sementara korban bakaran sepenuhnya dipersembahkan di perapian mezbah, korban sajian dibawa kepada imam dan hanya sebagian yang dipersembahkan kepada Allah di perapian mezbah. Ini berarti bahwa sementata kita sepenuhnya memberikan kepada Allah berbagai kebaktian penyembahan, persembahan syukur – korban sajian – diberikan kepada Allah supaya mereka dipakai bagi kerajaan Allah dan kebenarannya, dan bagian mereka akan digunakan untuk imam, yang sekarang adalah para hamba Tuhan dan pekerja gereja. Seperti dikatakan oleh Galatia 6:6, *"Dan baiklah dia, yang menerima pengajaran dalam Firman, membagi segala sesuatu yang ada padanya dengan orang yang memberikan pengajaran itu,"* ketika jemaat gereja yang menerima karunia dari Allah memberikan persembahan syukur, hamba-hamba Allah yang mengajarkan Firman itu berbagi persembahan syukur tersebut.

korban sajian diberikan kepada Allah bersama korban bakaran, dan menjadi teladan kehidupan yang telah dijalani oleh Kristus sendiri. Karenanya, kita harus dengan iman memberikan persembahan dengan segenap hati kita. Saya berharap setiap pembaca akan menyembah dalam cara yang layak menurut kehendak Allah dan menerima berkat melimpah setiap hari dengan memberikan kepada Allah persembahan wangi yang berkenan kepada-Nya.

Bab 5

Korban Keselamatan

"Jikalau persembahannya
merupakan korban keselamatan,
maka jikalau yang dipersembahkannya itu dari lembu,
seekor jantan atau seekor betina,
haruslah ia membawa
yang tidak bercela ke hadapan TUHAN."

Imamat 3:1

1. Makna Dari Korban Keselamatan

Tertulis dalam Imamat 3 adalah peraturan mengenai korban keselamatan. Korban keselamatan meliputi menyembelih hewan tanpa cela, memercikkan darahnya ke setiap sisi mezbah, dan mempersembahkan lemaknya di api di atas mezbah kepada Allah sebagai aroma yang wangi. Sementara prosedur untuk korban keselamatan mirip dengan korban bakaran, ada beberapa perbedaan. Ada orang yang salah memahami tujuan dari korban keselamatan dan menganggapnya sebagai alat untuk menerima pengampunan atas dosa; tujuan utama dari korban penebus salah dan korban penghapus dosa adalah pengampunan dosa.

Korban keselamatan adalah korban yang dimaksudkan untuk mencapai perdamaian antara Allah dan kita, dan dengan itu orang-orang mengungkapkan rasa syukur, bernazar kepada Allah, dan memberi secara sukarela kepada Allah. Setelah dipersembahkan secara terpisah oleh orang yang telah diampuni dosanya melalui korban penghapus dosa dan korban bakaran dan kini memiliki persekutuan yang intim dan langsung dengan Allah, maka tujuan dari korban keselamatan adalah untuk berdamai dengan Allah sehingga mereka dapat sepenuh hati mempercayakan kepada Allah segala aspek dalam hidup mereka.

Sementara korban sajian yang dibahas dalam Imamat 2 dianggap sebagai persembahan syukur, ini adalah persembahan syukur yang konvensional yang diberikan dalam rasa syukur kepada Allah yang telah menyelamatkan, melindungi, dan menyediakan makanan bagi kita setiap hari, dan ini berbeda dari korban keselamatan dan rasa syukur yang terungkap di dalamnya. Sebagai tambahan dari persembahan syukur yang kita berikan pada hari Minggu, kita memberikan persembahan syukur yang terpisah ketika ada alasan khusus untuk bersyukur. Termasuk dalam korban keselamatan adalah persembahan yang diberikan secara sukarela kepada Allah, dipisahkan dan dikuduskan oleh diri sendiri untuk dapat hidup oleh Firman Allah, dan untuk menerima kerinduan hati kita dari Dia.

Sementara mempersembahkan korban keselamatan memiliki beberapa arti, tujuan yang paling fundamental di dalamnya adalah untuk berdamai dengan Allah. Begitu kita berdamai dengan Allah, Ia memberi kita kekuatan yang dengannya kita dapat hidup oleh kebenaran, jawaban-jawaban atas kerinduan hati kita, dan memberi kita kasih karunia untuk kita dapat memenuhi nazar yang kita buat bagi Dia.

Seperti tertulis dalam 1 Yohanes 3:21-22, *"Saudara-saudaraku yang kekasih, jikalau hati kita tidak menuduh kita, maka kita mempunyai keberanian percaya untuk mendekati Allah, Saudara-saudaraku yang kekasih, jikalau hati kita tidak menuduh kita, maka kita mempunyai keberanian percaya untuk mendekati Allah,"* ketika kita menjadi percaya diri di hadapan Allah karena telah hidup menurut kebenaran, kita akan berada dalam damai dengan Dia dan mengalami pekerjaan-Nya dalam segala sesuatu yang kita minta kepada-Nya. Jika kita menyenangkan Allah lebih jauh dengan persembahan khusus, dapatkah Anda bayangkan betapa akan lebih cepat Allah menjawab dan memberkati kita? Karenanya, sudah wajib bagi kita untuk memahami dengan benar arti dari korban sajian dan korban keselamatan serta membedakan persembahan dari korban sajian dari persembahan untuk korban keselamatan, sehingga Allah akan dengan senang menerima persembahan kita.

2. Persembahan dalam Korban Keselamatan

Allah berkata kepada kita dalam Imamat 3:1, *"Jikalau persembahannya merupakan korban keselamatan, maka jikalau yang dipersembahkannya itu dari lembu, seekor jantan atau seekor betina, haruslah ia membawa yang tidak bercela ke hadapan TUHAN."* Apakah korban keselamatan itu adalah anak domba atau kambing, baik itu jantan atau betina, haruslah hewan itu tanpa cela (Leviticus 3:6, 12).

Persembahan dari korban bakaran haruslah lembu jantan atau anak domba yang tanpa cela. Ini karena korban yang sempurna untuk korban bakaran – untuk kebaktian penyembahan rohani – melambangkan Yesus Kristus, Anak Allah yang tanpa cela.

Namun, saat kita memberi kepada Allah korban keselamatan untuk dapat berdamai dengan Dia, tidak perlu untuk membedakan antara jantan dan betina selama korban itu tanpa cela. Bahwa tidak ada perbedaan antara jantan dan betina dalam memberikan korban keselamatan datang dari Roma 5:1: *"Sebab itu, kita yang dibenarkan karena iman, kita hidup dalam damai sejahtera dengan Allah oleh karena Tuhan kita, Yesus Kristus."* Untuk mencapai perdamaian dengan Allah oleh pekerjaan darah Yesus di kayu salib, tidak ada perbedaan antara laki-laki dan perempuan.

Ketika Allah memerintahkan agar korban itu "tanpa cacat", Ia rindu agar kita memberi kepada Dia bukan dengan roh yang rusak, melainkan dengan hati seorang anak yang indah. Kita tidak boleh menggerutu atau mencari pengakuan orang lain, melainkan dengan sukarela dan oleh iman. Hanya masuk akal jika kita memberi korban yang tanpa cela ketika memberi persembahan syukur atas karunia keselamatan dari Allah. Persembahan diberikan kepada Allah supaya kita dapat percaya kepada Dia dalam segala aspek kehidupan kita, sehingga Ia adapat menyertai kita dan melindungi kita setiap saat, dan sehingga kita dapat hidup menurut kehendak-Nya, haruslah yang terbaik yang dapat kita berikan dengan perhatian terbaik kita dan segenap hati kita.

Ketika membandingkan persembahan dalam korban bakaran dan korban keselamatan, ada fakta menarik yang perlu diperhatikan: burung tekukur tidak termasuk dalam korban keselamatan. Mengapa demikian? Tidak masalah seberapa pun miskinnya seseorang, korban bakaran haruslah dipersembahkan oleh semua orang dan itulah sebabnya Allah mengizinkan persembahan berupa burung yang nilainya sangat kecil.

Misalkan, ketika ada orang baru dalam Kristus, dengan iman yang kecil dan lemah hanya datang ke Kebaktian Minggu, Allah menganggapnya sebagai memberikan korban bakaran.

Sementara seluruh korban bakaran diberikan kepada Allah ketika orang percaya hidup sepenuhnya menurut Firman Allah, menjaga persekutuan yang langsung dan intim dengan Allah, dan menyembah dalam roh dan kebenaran, bila ada orang baru dengan iman yang hanya menjaga kekudusan Hari Tuhan, Allah akan menganggapnya sebagai mempersembahkan burung yang nilainya kecil sebagai korban bakaran dan membawa dia ke jalan keselamatan.

Namun, korban keselamatan bukanlah korban yang diwajibkan melainkan hanya korban sukarela. Ini diberikan kepada Allah agar manusia menerima jawaban dan berkat dengan menyenangkan Allah. Jika burung yang nilainya kecil akan diberikan, ini akan kehilangan banyak makna dan tujuannya sebagai persembahan khusus, dan itulah sebabnya mengapa burung tidak dimasukkan.

Seandainya ada orang yang ingin memberikan persembahan untuk memenuhi nazar atau sumpah, kerinduan yang mendalam, atau untuk menerima penyembuhan Allah dari penyakit berat yang tak dapat disembuhkan? Dengan hati seperti apakah persembahan itu harus diberikan? Ini akan disiapkan bahkan dengan lebih sepenuh hati daripada persembahan syukur yang diberikan secara teratur. Allah akan paling senang jika kita mempersembahkan kepada-Nya lembu jantan atau, tergantung pada keadaan masing-masing orang, jika kita mempersembahkan kepada Dia lembu betina atau anak domba ataupun kambing, tetapi harga burung tekukur sangat tidak bernilai.

Tentu saja, ini bukan mengatakan bahwa "nilai" dari suatu

persembahan tergantung sepenuhnya pada nilai harganya. Ketika seseorang menyiapkan persembahan dengan segenap hati dan pikiran serta perhatian yang terbaik menurut keadanya, Allah akan menghargai nilai persembahan itu berdasarkan pada aroma rohani yang terkandung di dalamnya.

3. Memberikan Korban Keselamatan

1) Menumpangkan Tangan pada Kepala Korban Keselamatan dan Menyembelihnya di Jalan Masuk ke Kemah Pertemuan

Jika orang yang membawa korban itu menumpangkan tangannya pada kepala korban itu di jalan masuk ke kemah pertemuan, ia memindahkan dosa-dosanya pada hewan itu. Ketika seseorang yang memberikan korban keselamatan menumpangkan tangannya pada korban itu, ia memisahkan hewan itu sebagai persembahan untuk diberikan kepada Allah dan dengan demikian mengurapinya.

Agar persembahan kita yang kita tumpangkan tangan menjadi persembahan yang menyukakan Allah, kita tidak boleh menentuka jumlahnya menurut pikiran kedagingan kita melainkan menurut inspirasi Roh Kudus. Hanya persembahan seperti itulah yang akan diterima Allah dengan senang hati, dipisahkan dan diurapi.

Setelah menumpangkan tangannya pada kepala korban persembahan itu, orang yang memberikan persembahan harus menyembelihnya di jalan masuk kemah pertemuan. Selama zaman Perjanjian Lama, hanya imam yang dapat masuk ke dalam Ruang Kudus dan orang-orang menyembelih hewan di jalan masuk ke kemah pertemuan. Namun, saat tembok dosa yang telah menghalangi kita dari Allah telah dihancurkan oleh Yesus Kristus, kita sekarang dapat memasuki ruang kudus, menyembah Allah, dan memiliki hubungan pribadi yang langsung dan intim dengan Allah.

2) Anak-Anak Harun, Para Imam, Memercikkan Darah di Sekeliling Mezbah

Imamat 17:11 berkata, *"Karena nyawa makhluk ada di dalam darahnya dan Aku telah memberikan darah itu kepadamu di atas mezbah untuk mengadakan pendamaian bagi nyawamu, karena darah mengadakan pendamaian dengan perantaraan nyawa."* Ibrani 9:22 juga mengatakan, *"Dan hampir segala sesuatu disucikan menurut hukum Taurat dengan darah, dan tanpa penumpahan darah tidak ada pengampunan,"* dan mengingatkan kita bahwa hanya oleh darah kita akan dibasuh. Dalam memberikan korban keselamatan kepada Allah untuk persekutuan rohani yang langsung dan intim dengan Allah, percikan darah itu diperlukan karena kita, yang hubungannya dengan Allah telah rusak, tidak dapat berdamai dengan Dia tanpa pekerjaan darah Yesus Kristus.

Para imam memercikkan darah di sekeliling mezbah menandakan bahwa kemana pun kaki kita membawa kita dan apa pun keadaannya bagi kita, perdamaian dengan Allah selalu dicapai. Untuk melambangkan bahwa Allah selalu menyertai kita, berjalan dengan kita, melindungi kita, dan memberkati kita kemana pun kita pergi, dalam apa pun yang kita lakukan, dan dengan siapa pun kita, darah itu dipercikkan di sekeliling mezbah.

3) Dari Persembahan Korban Keselamatan Suatu Persembahan Dipersembahkan dalam Api kepada TUHAN

Imamat 3 menerangkan tentang metode untuk mempersembahkan bukan hanya lembu jantan melainkan juga anak domba dan kambing sebagai korban keselamatan. Karena metode-metodenya hampir serupa, kita akan berfokus pada mempersembahkan lembu jantan sebagai korban keselamatan. Dalam membandingkan korban keselamatan dengan korban bakaran, kita tahu bahwa semua bagian dari korban yang dikuliti diberikan kepada Allah. Makna dari korban bakaran adalah kebaktian penyembahan rohani, dan saat penyembahan diberikan sepenuhnya hanya kepada Allah, maka korban ini sepenuhnya dibakar.

Namun, dalam memberikan korban keselamatan, tidak semua bagian dari korban diberikan. Seperti yang kita baca dalam Imamat 3:3b-4, *"dan segala lemak yang melekat pada isi perut itu sebagai korban api-apian dan lagi kedua buah pinggang dan lemak yang melekat padanya, yang ada pada pinggang dan umbai hati yang harus dipisahkannya beserta buah pinggang itu,"* lemak yang melekat pada isi perut hewan itu harus dipersembahkan kepada Allah sebagai aroma yang wangi. Memberikan lemak dari bagian-bagian hewan yang berbeda menandakan bahwa kita harus berdamai dengan Allah di mana pun kita berada dan bagaimanapun keadaan kita.

Berdamai dengan Allah juga memerlukan kita berdamai dengan semua orang dan mengejar kekudusan. Hanya ketika kita berdamai dengan semua orang barulah kita dapat menjadi sempurna sebagai anak-anak Allah (Matius 5:46-48).

Setelah lemak dari korban yang harus diberikan kepada Allah itu dipisahkan, maka bagian yang disisihkan untuk imam juga dipisahkan. Kita membaca dalam Imamat 7:34, *"Karena dada persembahan unjukan dan paha persembahan khusus telah Kuambil dari orang Israel dari segala korban keselamatan mereka dan telah Kuberikan kepada imam Harun, dan kepada anak-anaknya; itulah suatu ketetapan yang berlaku bagi orang Israel untuk selamanya."* Sama seperti bagian dari korban sajian disisihkan untuk imam, bagian dari korban keselamatan yang orang berikan kepada Allah disisihkan bagi kehidupan para imam dan orang Lewi, yang melayani Allah dan umat-Nya.

Ini sama halnya dengan di masa Perjanjian Lama. Melalui persembahan yang diberikan kepada Allah oleh orang percaya, pekerjaan Allah untuk keselamatan jiwa-jiwa dilakukan dan kehidupan para hamba Allah serta pekerja gereja dipelihara. Setelah memisahkan bagian untuk Allah dan imam, maka sisanya dimakan oleh orang yang memberikan persembahan itu; ini adalah karakteristik unik dari korban keselamatan. Bahwa orang yang memberikan korban itu memakannya ini menandakan bahwa Allah akan menunjukkan bahwa persembahan itu berkenan kepada Allah melalui bukti jawaban dan berkat.

4. Peraturan Lemak dan Darah

Ketika ada hewan dibunuh sebagai korban persembahan untuk diberikan kepada Allah, imam memercikkan darahnya ke sekeliling mezbah. Terlebih lagi, seperti semua lemak dan minyak hewan itu menjadi milik TUHAN, ini dianggap sebagai kudus dan dipersembahkan dalam nyala api di mezbah sebagai aroma wangi-wangian yang menyukakan Allah. Orang-orang di masa Perjanjian Lama tidak memakan lemak atau darah, karena lemak dan darah berkaitan dengan nyawa. Darah melambangkan nyawa dari tubuh, dan lemak sebagai esensi tubuh, juga sama seperti nyawa. Lemak memfasilitasi operasional dan aktivitas hidup.

Apa makna rohani dari "lemak"?

"Lemak" utamanya menandakan perhatian paling mendalam dari hati yang sempurna. Memberikan lemak sebagai persembahan dalam api artinya adalah kita memberikan kepada Allah dengan segala yang kita miliki dan segala apa adanya kita. Ini merujuk pada perhatian paling mendalam dan hati yang utuh yang dengannya seseorang memberikan persembahan yang layak diterima oleh Allah. Sementara isi dalam melakukan persembahan syukur ke mezbah untuk mencapai perdamaian dengan menyenangkan Dia atau memberikan diri sendiri dalam pengabdian kepada Allah adalah penting, bahkan yang lebih penting adalah jenis hati dan tingkat perhatian saat memberikan persembahan itu. Jika ada orang yang telah berbuat salah dalam pandangan Allah melakukan persembahan untuk dapat berdamai dengan Dia, persembahan itu harus dibuat dengan pengabdian yang besar dan hati yang lebih sempurna.

Tentu saja, pengampunan dosa memerlukan korban penghapus dosa atau korban penebus salah. Namun, ada saat-saat ketika seseorang berbuat jauh lebih dari itu dan menerima pengampunan sederhana dari dosa tetapi membuat perdamaian dengan Allah dengan memperkenan Dia. Misalnya, ketika seorang anak telah berbuat salah melawan ayahnya dan sangat menyakit hatinya, hati sang bapa dapat mencair dan tercapai perdamaian sejati antara keduanya jika ia melakukan segala daya upaya untuk menyenangkan ayahnya, alih-alih hanya mengatakan bahwa menyesal dan meneria pengampunan atas perbuatan salahnya.

Terlebih lagi, "lemak" juga merujuk pada doa dan kepenuhan Roh Kudus. Dalam Matius 25 ada 5 gadis pandai yang membawa minyak dalam buli-buli bersama lampu mereka, dan lima gadis bodoh yang tidak membawa minyak bersama mereka, dan karenanya ditolak masuk ke dalam pesta kawin. Di sini, "minyak" secara rohani melambangkan doa dan kepenuhan Roh Kudus. Hanya ketika kita menerima kepenuhan Roh Kudus melalui doa dan bangun, kita dapat menghindari dinodai oleh nafsu doa, dan menantikan Tuhan Kita, sang mempelai, setelah menyiapkan diri kita sendiri sebagai mempelai wanita-Nya.

Doa harus menyertai korban keselamatan yang diberikan kepada Allah untuk menyenangkan Allah dan menerima jawaban-Nya. Doa itu tidak boleh hanya sekadar formalitas; itu harus dipersembahkan dengan segenap hati kita dan dengan segala yang kita miliki serta segala apa adanya kita, sama seperti peluh Yesus menjadi seperti tetesan darah, jatuh ke tanah ketika Ia sedang berdoa di Taman Getsemani. Setiap orang yang berdoa dengan cara begini pasti akan melawan dan membuang dosa, menjadi dikuduskan, dan menerima inspirasi dan kepenuhan Roh Kudus dari atas. Ketika orang yang seperti ini memberikan korban keselamatan kepada Allah, Ia akan berkenan dan memberikan jawaban-Nya dengan cepat.

Korban keselamatan adalah persembahan yang diberikan kepada Allah dalam kepercayaan penuh, sehingga kita dapat menjalani hidup yang berharga dalam penyertaan-Nya dan di bawah perlindungan-Nya. Dalam berdamai dengan Allah, kita harus berbalik dari jalan-jalan kita yang tidak Ia sukai, kita harus memberikan persembahan kepada Dia dengan segenap hati kita dan dengan sukacita, serta menerima kepenuhan dari Roh Kudus melalui doa. Kemudian kita akan menjadi penuh akan pengharapan atas Surga dan menjalani kehidupan berkemenangan setelah berdamai dengan Allah. Saya berharap setiap pembaca akan selalu menerima jawaban Allah dan berkat dengan berdoa dalam inspirasi dan kepenuhan Roh Kudus dengan segenap hatinya dan memberikan kepada Allah korban keselamatan yang menyenangkan Dia.

Bab 6

Korban Penebus Dosa

"Apabila seseorang tidak dengan sengaja berbuat
dosa dalam sesuatu hal yang dilarang TUHAN
dan ia memang melakukan salah satu dari padanya,
maka jikalau yang berbuat dosa itu imam yang diurapi,
sehingga bangsanya turut bersalah,
haruslah ia mempersembahkan kepada TUHAN karena dosa
yang telah diperbuatnya itu, seekor lembu jantan muda
yang tidak bercela sebagai korban penghapus dosa."

Imamat 4:2-3

1. Makna dan Jenis-Jenis Korban Penghapus Dosa

Oleh iman kita kepada Yesus Kristus dan pekerjaan darah-Nya, kita telah diampuni dari dosa-dosa kita dan tiba pada keselamatan. Namun, agar iman kita dapat diakui sebagai iman sejati, kita tidak boleh hanya mengaku dengan bibir, "Aku percaya", melainkan harus menunjukkannya dalam perbuatan dan kebenaran. Ketika kita menunjukkan kepada Allah perbuatan iman yang akan Allah akui, Ia akan melihat iman itu dan mengampuni kita dari dosa-dosa kita.

Bagaimana kita bisa menerima pengampunan dosa oleh iman? Tentu saja, setiap anak Allah harus selalu berjalan dalam terang dan tidak pernah berbuat dosa. Namun, jika ada tembok yang menghalangi antara Allah dan orang percaya yang telah melakukan dosa ketika ia belum sempurna, ia harus mengetahui solusinya dan melakukannya. Solusinya ditemukan dalam Firman Allah mengenai korban penghapus dosa.

Korban penghapus dosa adalah, seperti yang kita tahu, merupakan korban persembahan yang diberikan kepada Allah sebagai tebusan atas dosa-dosa yang kita lakukan dalam hidup kita, dan metodenya bermacam-macam menurut tugas yang diberikan Allah dan ukuran iman masing-masing orang. Imamat 4 membahas korban penghapus dosa yang dipersembahkan oleh imam yang diurapi, seluruh jemaat, pemimpin, dan orang biasa.

2. Korban Penghapus Dosa Imam yang Diurapi

Allah berkata kepada Musa dalam Imamat 4:2-3, *"Katakanlah kepada orang Israel, 'Apabila seseorang tidak dengan sengaja berbuat dosa dalam sesuatu hal yang dilarang TUHAN dan ia memang melakukan salah satu dari padanya, maka jikalau yang berbuat dosa itu imam yang diurapi, sehingga bangsanya turut bersalah, haruslah ia mempersembahkan kepada TUHAN karena dosa yang telah diperbuatnya itu, seekor lembu jantan muda yang tidak bercela sebagai korban penghapus dosa.'"*

Di sini, "orang Israel" secara rohani merujuk pada semua anak Allah. Saat-saat ketika "seseorang berbuat dosa secara tidak sengaja pada hal-hal yang diperintahkan oleh Allah agar tidak dilakukan, dan ia melakukannya" adalah ketika menurut hukum Allah, yang ditemukan dalam Firman-Nya yang dituliskan dalam 66 Kitab Alkitab, yang Ia "perintahkan untuk tidak dilakukan", telah dilanggar.

Ketika seorang imam – dalam istilah sekarang, pendeta yang mengajarkan Firman Allah – melanggar hukum Allah, maka upah dosa bahkan akan mengenai orang-orang. Karena ia tidak mengajari kawanan domba-dombanya menurut kebenaran atau menjalani kebenaran oleh dirinya sendiri, maka dosanya dianggap berat; bahkan jika ia melakukan dosa secara tidak sengaja, bagaimanapun akan memalukan jika seorang pendera tidak dapat menangkap kehendak Allah.

Misalnya, jika pendeta mengajar kebenaran dengan salah,

maka umatnya akan mempercayai kata-katanya; melanggar kehendak Allah; dan gereja sebagai keseluruhan membangun tembok dosa di hadapan Allah. Ia telah berkata kepada kita, "Jadilah kudus," "Jauhkanlah dirimu dari segala jenis kejahatan," dan "Tetaplah berdoa." Sekarang, apa yang akan terjadi jika pendeta berkata, "Yesus telah menebus kita dari semua dosa kita. Jadi kita akan diselamatkan selama kita pergi ke gereja"? Seperti yang Yesus katakan dalam Matius 15:14, *"Jika orang buta menuntun orang buta, pasti keduanya jatuh ke dalam lobang."* upah dosa hamba Allah sangat besar karena baik hamba Allah dan umat akan menjauh dari Allah. Jika seorang pendeta berbuat dosa "dan membawa salah atas orang-orang," ia harus mempersembahkan korban penghapus salah kepada Allah.

1) Lembu Jantan Tanpa Cacat Seperti yang Dipersembahkan dalam Korban Dosa

Ketika seorang pendeta yang diurapi berbuat dosa, ini sama seperti, "membawa salah atas umat" dan ia harus tahu bahwa upah dosanya sangat besar. Dalam Samuel 2-4 kita menemukan apa yang terjadi ketika anak-anak Eli sang imam melakukan dosa dengan mengambil persembahan yang telah diberikan kepada Allah untuk keuntungan mereka sendiri. Ketika orang Israel kalah dalam perang melawan Filistin, anak-anak Eli terbunuh dan 30.000 tentara infantri Israel kehilangan nyawanya. Bahkan dengan dirampasnya Tabut Allah, Israel secara keseluruhan menjadi mengalami banyak penderitaan.

Itulah sebabnya korban tebusan haruslah yang paling

berharga dari semuanya: lembu jantan yang tidak bercela. Di antara semua korban persembahan, Allah paling senang menerima lembu jantan dan anak domba jantan, dan nilai lembut jantan lebih besar. Untuk korban penghapus dosa, imam harus mempersembahkan bukan hanya sekadar lembu jantan melainkan lembu jantan yang tidak bercela; ini secara rohani melambangkan bahwa persembahan tidak boleh diberikan dengan ragu-ragu atau tanpa sukacita; masing-masing korban haruslah korban persembahan yang hidup.

2) Memberikan Korban Penghapus Dosa

Imam membawa lembu jantan untuk dipersembahkan sebagai korban penghapus dosa ke jalan masuk kemah pertemuan di hadapan TUHAN; menumpangkan tangannya ke atas lembu itu, menyembelihnya, mengambil darahnya dan membawanya ke kemah pertemuan; mencelupkan jarinya ke darah itu dan memercikkannya sebagian sebanyak 7 kali di hadapan Allah, di depan tirai Ruang Kudus (Leviticus 4:4-6). Menumpangkan tangan di atas kepala lembu menandakan pemindahan dosa manusia pada hewan itu. Sementara orang yang telah berbuat dosa seharusnya mengalami kematian, dengan menumpangkan tangan pada kepala korban persembahan, orang itu menerima pengampunan atas dosa-dosanya dengan memindahkan dosa-dosanya kepada hewan itu dan kemudian menyembelihnya.

Lalu imam harus membawa sebagian darah itu, mencelupkan jari ke dalamnya, dan memercikkannya di Ruang Kudus di dalam kemah pertemuan, di depan tirai Ruang Kudus. "Tirai ruang kudus" adalah tirai tebal yang memisahkan Ruang Kudus dari Ruang Mahakudus. Persembahan biasanya diberikan bukan di dalam Ruang Kudus, melainkan di mezbah yang ada di pelataran bait Allah; namun imam masuk ke dalam Ruang Kudus dengan darah dari korban penghapus dosa, dan memercikkannya di hadapan tirai Ruang Kudus, tepat di depan Ruang Mahakudus tempat Allah tinggal.

Mencelupkan jari ke dalam darah melambangkan tindakan memohon pengampunan. Ini melambangkan bahwa manusia tidak hanya bertobat dengan bibir atau dengan nazar, tetapi juga menghasilkan buah pertobatan dengan sungguh-sungguh membuang dosa dan kejahatan. Mencelupkan jari ke dalam darah dan memercikkannya "tujuh kali" – "tujuh" adalah angka sempurna dalam alam rohani – menandakan bahwa orang itu sepenuhnya membuang dosa-dosanya. Manusia dapat menerima pengampunan sempurna hanya setelah ia telah sepenuhnya membuang dosa-dosanya dan tidak berdosa lagi.

Imam juga menaruh darah itu pada tanduk-tanduk mezbah ukupan wangi-wangian di hadapan TUHAN di kemah pertemuan, dan menuangkan semua darah di kaki mezbah korban penghapus dosa di jalan masuk kemah pertemuan (Imamat 4:7). Mezbah dari ukupan wangi-wangian – ukupan wangi-wangian – adalah mezbah yang disiapkan untuk membakar kemenyan; ketika sudah dibakar, Allah menerima wangi-wangian itu. Terlebih lagi, tanduk-tanduk di dalam Alkitab mewakili seorang raja dan kemuliaan serta otoritasnya; mereka mengacu pada Raja, Allah kita (Wahyu 5:6). Menaruh darah pada tanduk-tanduk mezbah ukupan wangi-wangian berlaku sebagai tanda bahwa korban persembahan itu sudah diterima oleh Allah, Raja kita.

Sekarang, di masa sekarang bagaimana kita bisa bertobat dalam cara yang akan diterima oleh Allah? Disebutkan sebelumnya bahwa dosa dan kejahatan dibuang degnan mencelupkan jari ke dalam darah dari korban penghapus dosa itu dan memercikkannya. Setelah merenungkannya dan bertobat dari dosa-dosa kita, kita harus datang ke Ruang Kudus dan mengaku dosa dalam doa. Sama seperti darah dari korban persembahan ditaruh di tanduk-tanduk agar Allah menerimanya, kita harus datang di hadapan otoritas Allah sang Raja dan mempersembahkan kepada Dia doa pertobatan. Kita harus datang ke Ruang Kudus, berlutut, dan berdoa dalam nama Yesus Kristus di tengah pekerjaan Roh Kudus yang membuat roh pertobatan datang kepada kita.

Ini bukanlah mengatakan bahwa kita harus menunggu sampai kita sudah ada di dalam gereja baru kita bertobat. Di saat kita tahu bahwa kita sudah melakukan perbuatan yang menentang Allah, kita harus segera bertobat dan berbalik dari jalan-jalan kita. Di sini, datang ke ruang kudus berhubungan dengan Hari Sabat, Hari Tuhan.

Sementara hanya iman yang diurapi yang dapat berkomunikasi dengan Allah di masa Perjanjian Lama, karena Roh Kudus telah tinggal di hati setiap kita, maka sekarang kita dapat berdoa dan memiliki persekutuan yang langsung dan intim dengan Allah dalam pekerjaan Roh Kudus. Doa pertobatan juga dapat dipersembahkan sendiri dalam pekerjaan Roh Kudus. Namun, harap diingat bahwa semua doa yang dipersembahkan menjadi lengkap dengan memelihara Hari Tuhan. Orang yang tidak memelihara Hari Tuhan tidak memiliki bukti bahwa ia adalah anak Allah secara rohani, dan ia tak dapat menerima pengampunan bahkan walaupun ia mempersembahkan doa pertobatan sendiri. Pertobatan pasti diterima oleh Allah bukan ketika seseorang mempersembahkan doa pertobatan oleh diri sendiri setelah menyadari bahwa ia telah berdosa, tetapi juga ketika ia secara formal mempersembahkan doa pertobatan lagi di Ruang Kudus Allah di Hari Tuhan.

Setelah darah ditaruh di tanduk-tanduk mezbah ukupan wangi-wangian, semua darah itu dituangkan di kaki mezbah korban bakaran. Ini adalah tindakan yang mempersembahkan darah, yang merupakan nyawa dari korban persembahan itu, secara keseluruhan kepada Allah, dan secara rohani melambangkan bahwa kita bertobat dengan hati yang sepenuhnya mengabdi. Menerima pengampunan dosa yang dilakukan terhadap Allah memerlukan pertobatan yang dipersembahkan dengan seluruh hati, pikiran, dan usaha kita yang paling besar dan paling gigih. Siapa saja yang memberi pertobatan sejati kepada Allah tidak akan berani melakukan dosa yang sama lagi di hadapan Allah.

Berikutnya, imam memisahkan semua lemak dari korban penghapus dosa itu dan mempersembahkannya di mezbah penghapus dosa, prosedur yang sama dengan korban penghapus dosa, dan membawa keluar kemah di mana abunya disebarkan, dan membakar kulit, semua daging lembu dengan kepala dan kaki serta isi perutnya (Imamat 4:8-12). "Mempersembahkan dalam api" menandakan bahwa dalam kebenaran, kebenaran sendiri dihancurkan dan hanya kebenaran yang bertahan.

Sama seperti lemak dari korban keselamatan dipisahkan, maka lemak dari korban penghapus dosa juga dipisahkan dan kemudian dipersembahkan dalam api di atas mezbah. Mempersembahkan lemak dari lembu jantan dalam api di mezbah memberi tahu kita bahwa hanya pertobatan yang dipersembahkan dengan segenap hati, pikiran, dan tekad kita yang paling gigih akan diterima di hadapan Allah.

Sementara semua bagian dari korban bakaran dipersembahkan dalam api di mezbah, dalam korban penghapus dosa semua bagian termasuk lemak dan ginjal dibakar di kayu perapian di luar kemah tempat abu disebarkan. Mengapa demikian?

Karena korban bakaran adalah kebaktian penyembahan rohani yang dimaksudkan untuk memperkenan Allah dan untuk mencapai persekutuan dengan Dia, ini dipersembahkan dalam api di mezbah dalam bait Allah. Namun, karena korban penghapus dosa adalah untuk menebus kita dari dosa-dosa najis, ini tidak bisa dipersembahkan di dalam api pada altar di dalam ruang kudus, dan harus dibakar sepenuhnya di tempat yang jauh dari tempat orang-orang tinggal.

Bahkan sekarang, kita harus bergumul untuk sepenuhnya

membuang dosa-dosa yang kita pertobatkan di hadapan Allah. Kita harus membakar dalam api Roh Kudus segala kesombongan, kebanggaan, diri kita yang lama dari masa-masa hidup duniawi kita, tindakan tubuh dosa yang tidak layak di hadapan Allah, dan semacamnya. Korban yang dipersembahkan di dalam api – lembu jantan – telah mendapat pemindahan dosa dari orang yang menumpangkan tangan ke atasnya. Karenanya, dari titik itu, orang tersebut harus datang sebagai korban yang hidup yang berkenan kepada Allah.

Sampai titik tersebut, apa yang harus kita lakukan sekarang? Makna rohani antara karakteristik lembu jantan yang dipersembahkan dan Yesus, yang mati untuk menebus kita dari dosa, telah dijelaskan sebelumnya. Karenanya, jika kita telah bertobat dan mempersembahkan semua bagian dari korban itu di dalam api, mulai dari titik itu, sama seperti korban yang diberikan kepada Allah, kita harus diubahkan dengan cara yang sama seperti Tuhan kita telah menjadi korban penghapus dosa. Dengan rajin melayani jemaat gereja mewakili Tuhan kita, kita harus membuat para orang percaya dapat melepaskan beban mereka dan menyediakan bagi mereka hanya kebenaran dan hal-hal yang baik. Dengan mengabdikan diri dan membantu jemaat gereja kita untuk mengusahakan ladang hati mereka dalam air mata, kerja keras, dan doa, kita harus mengubah saudara-saudari kita menjadi anak-anak Allah yang sejati dan dikuduskan. Allah kemudian akan mengakui pertobatan itu sebagai pertobatan sejati dan membawa kita dalam jalan berkat.

Walaupun kita bukan pendeta, seperti yang kita baca di dalam 1 Petrus 2:9, *"Tetapi kamulah bangsa yang terpilih, imamat yang rajani, bangsa yang kudus, umat kepunyaan Allah sendiri,"* kita semua yang percaya kepada Tuhan harus menjadi sempurna seperti para imam dan menjadi anak-anak sejati Allah. Terlebih lagi, persembahan yang diberikan kepada Allah harus menyertai pertobatan ketika memberikan penebusan atas dosa seseorang. Setiap orang yang sangat menyesali dan bertobat dari perbuatan salahnya akan secara alami memberikan persembahan, dan bila perbuatan demikian menyertai maka jenis hati seperti ini akan dianggap mencari pertobatan penuh di hadapan Allah.

3. Korban Penghapus Dosa Seluruh Jemaat

"Jikalau yang berbuat dosa dengan tak sengaja itu segenap umat Israel, dan jemaah tidak menyadarinya, sehingga mereka melakukan salah satu hal yang dilarang TUHAN, dan mereka bersalah, maka apabila dosa yang diperbuat mereka itu ketahuan, haruslah jemaah itu mempersembahkan seekor lembu jantan yang muda sebagai korban penghapus dosa. Lembu itu harus dibawa mereka ke depan Kemah Pertemuan" (Imamat 4:13-14).

Dalam istilah sekarang, "dosa seluruh jemaat" merujuk pada dosa seisi gereja. Misalnya, ada saat-saat ketika terbentuk faksi-faksi di dalam gereja di antara para pendeta, penatua, diaken senior, dan menyusahkan seisi jemaat. Begitu terbentuk faksi-faksi dan memulai perselisihan, maka gereja sebagai keseluruhan akhirnya akan berdosa dan menciptakan tembok dosa yang tinggi di hadapan Allah karena sebagian besar jemaat gereja akan terkena perselisihan itu, dan menjelek-jelekkan atau menyimpan perasaan kesal terhadap satu sama lain.

Bahkan Allah telah menyuruh kita untuk mengasihi musuh-musuh kita, melayani orang lain, merendahkan diri sendiri, berdamai dengan semua orang, dan mengejar kekudusan. Betapa memalukan dan menyesalnya bagi Allah melihat hamba-hamba Tuhan dan kawanan dombanya bermusuhan atau bagia saudara-saudari dalam Kristus untuk saling menentang? Jika terjadi peristiwa yang demikian di dalam gereja, maka gereja itu tidak akan menerima perlindungan Allah; tidak akan ada kebangunan rohani dan kesulitan-kesulitan akan mengikuti di rumah dan pekerjaan para jemaatnya.

Bagaimana kita dapat menerima pengampunan dosa sebagai satu kesatuan jemaat? Ketika dosa seluruh jemaat diketahui, itulah saat membawa lembu jantan ke depan kemah pertemuan. Para penatuanya kemudian menumpangkan tangan mereka ke atas kepala korban itu, menyembelihnya di hadapan TUHAN, dan mempersembahkannya kepada Allah dengan cara yang sama seperti korban penghapus dosa imam. Korban dalam korban penghapus dosa bagi imam dan seluruh jemaat memiliki harga dan nilai yang sama persis. Ini berarti bahwa dalam pandangan Allah, berat dosa yang dilakukan oleh imam dan seluruh jemaat adalah sama. Namun, sementara korban dalam korban penghapus dosa imam haruslah lembu jantan yang tidak bercela, maka korban dalam korban penghapus dosa seluruh jemaat cukup hanya lembu jantan saja. Ini karena tidak mudah bagi seluruh jemaat untuk menjadi satu hati dan mempersembahkan korban dalam sukacita dan syukur.

Ketika gereja secara keseluruhan berbuat dosa dan ingin bertobat, mungkin saja ada di antara jemaatnya yang tidak memiliki iman atau orang yang menolak bertobat dengan perasaan tidak enak di dalam hati. Karena tidak mudah bagi seluruh jemaat untuk memberikan korban yang tidak bercela kepada Allah, maka Ia telah menunjukkan belas kasihan-Nya mengenai hal ini. Bahkan jika ada beberapa orang yang tidak dapat memberikan persembahan dengan sepenuh hati, ketika sebagian besar jemaat gereja bertobat dan berbalik dari jalan-jalan mereka, Allah akan menerima korban penghapus dosa itu dan mengampuni mereka.

Tidak semua anggota jemaat dapat menumpangkan tangannya ke atas kepala korban persembahan, maka para penatua jemaat, mewakili seluruh jemaat itu, menumpangkan tangan mereka ketika seluruh jemaat memberikan korban penghapus dosa kepada Allah.

Seterusnya dari prosedur itu sama persis dengan korban penghapus dosa imam dalam semua langkah mulai dari imam mencelupkan jarinya ke darah korban, memercikkannya tujuh kali di depan tirai Ruang Kudus, menaruih sebagian darah di tanduk-tanduk mezbah ukupan wangi-wangian, dan membakar sisa bagiannya di luar kemah. Makna rohani dari prosedur ini sepenuhnya berbalik dari dosa. Kita juga harus mempersembahkan dosa pertobatan dalam nama Yesus Kristus dan oleh pekerjaan Roh Kudus dalam Ruang Kudus Allah sehingga pertobatan diterima secara formal. Setelah seluruh jemaat bertobat dengan satu hati dalam cara ini, dosa itu tidak boleh diulangi lagi.

4. Korban Penghapus Dosa Pemimpin

Dalam Imamat 4:22-24 kita membaca,

> *"Jikalau yang berbuat dosa itu seorang pemuka yang tidak dengan sengaja melakukan salah satu hal yang dilarang TUHAN, Allahnya, sehingga ia bersalah, maka jikalau dosa yang telah diperbuatnya itu diberitahukan kepadanya, haruslah ia membawa sebagai persembahannya seekor kambing jantan yang tidak bercela. Lalu haruslah ia meletakkan tangannya ke atas kepala kambing itu dan menyembelihnya di tempat yang biasa orang menyembelih korban bakaran di hadapan TUHAN; itulah korban penghapus dosa."*

Walaupun berada dalam peringkat di bawah imam, "para pemimpin" ada dalam posisi membimbing dan dalam kelas yang berbeda dari orang biasa. Karenanya, pemimpin mempersembahkan kambing jantan kepada Allah. Korban ini di bawah lembu jantan yang dipersembahkan oleh imam tetapi di atas kambing betina yang dipersembahkan oleh orang biasa sebagai korban penghapus dosa.

Dalam istilah sekarang, "pemimpin" dalam gereja adalah pemimpin tim atau komunitas sel atau guru-guru Sekolah Minggu. Pemimpin adalah orang-orang yang melayani dalam suatu jabatan atau membimbing jemaat gereja. Tidak seperti jemaat awam atau orang baru dalam imam, merka telah dipisahkan di hadapan Allah dan semacamnya, bahkan jika mereka melakukan dosa yang sama, para pemimpin harus memberikan buah pertobatan yang lebih besar kepada Allah.

Di masa lalu, pemimpin menumpangkan tangannya ke kepala kambing jantan yang tidak bercela untuk memindahkan dosa-dosanya ke kambing itu dan kemudian menyembelihnya di hadapan Allah. Pemimpin menerima pengampunan ketika imam mencelupkan jarinya ke dalam darah, menaruhnya di tanduk-tanduk mezbah korban bakaran, dan menuangkan sisa darah korban itu di kaki mezbah korban bakaran. Seperti halnya dengan korban bakaran, lemak korban persembahan itu dipersembahkan dalam api di atas mezbah.

Berbeda dengan imam, seorang pemimpin tidak memercikkan darah korban persembahan itu tujuh kali di depan tirai Ruang Kudus; ketika ia mendemonstrasikan pertobatannya itu adalah dengan menaruh darah itu di tanduk-tanduk mezbah korban bakaran dan Allah menerimanya. Ini karena ukuran iman imam dan pemimpin berbeda. Karena imam tidak boleh berdosa lagi setelah bertobat, ia harus memercikkan darah korban itu tujuh kali, angka sempurna dalam alam rohani. Namun, seorang pemimpin bisa secara tidak sengaja berbuat dosa lagi dan untuk alasan itulah ia tidak diperintahkan untuk memercikkan darah korban itu tujuh kali. Ini adalah tanda kasih dan belas-kasihan Allah, yang ingin menerima pertobatan dari masing-masing orang menurut tingkatan imannya dan membagikan pengampunan. Sejauh ini, dalam membahas korban penghapus dosa, "imam" telah dirujuk sebagai "pendeta" dan "pemimpin" adalah "pekerja dalam jabatan pemimpin." Namun, referensi ini tidak terbatas hanya pada tugas-tugas yang diberikan oleh Allah di dalam gereja, tetapi juga merujuk pada ukuran imam masing-masing orang percaya.

Seorang pendera harus dikuduskan oleh iman dan kemudian dipercayakan untuk membimbing sekawanan orang percaya. Sudah seharusnya jika iman orang yang berada dalam jabatan membimbing, sebagai pemimpin tim atau komunitas sel atau guru Sekolah Minggu, untuk berada dalam tingkatan yang berbeda dari orang percaya biasa walaupun ia belum mencapai kekudusan yang sempurna. Karena tingkat iman berbeda-beda dari seorang imam dan seorang pemimpin sampai orang percaya biasa, maka tanda dosa dan tingkat pertobatan yang Allah cari untuk diterima akan menjadi berbeda bahkan walaupun semuanya melakukan dosa yang sama persis. Ini bukanlah mengatakan bahwa diperbolehkan bagi orang percaya untuk berpikir, "Karena iman saya belum sempurna, Allah akan memberi saya kesempatan lagi bahkan jika saya berdosa nanti," dan kemudian bertobat dengan hati yang demikian. Pengampunan dari Allah melalui pertobatan tidak akan diterima ketika seseorang tahu dan dengan sengaja melakukan dosa, tetapi ketika seseorang berbuat dosa secara tidak sengaja dan kemudian menyadari bahwa ia telah berdosa dan mencari pengampunan. Terlebih lagi, begitu ia telah melakukan dosa dan bertobat dari dosa itu, Allah hanya akan menerima pertobatan itu ketika ia melakukan segala usaha dengan dosa yang tekun untuk tidak pernah melakukan dosa yang sama lagi.

5. Korban Penghapus Dosa Orang Biasa

"Orang biasa" adalah orang-orang yang memiliki iman kecil, atau jemaat biasa di gereja. Ketika orang biasa melakukan dosa, mereka melakukannya dalam keadaan memiliki iman yang kecil, dan karenanya berat korban penghapus dosa mereka lebih kecil daripada korban penghapus dosa imam atau pemimpin. Orang biasanya harus mempersembahkan kepada Allah korban penghapus dosa berupa kambing betina, yang maknanya lebih rendah daripada kambing jantan, yang tidak bercela. Demikian halnya dengan korban penghapus dosa yang dibuat oleh imam atau pemimpin, iman harus mencelupkan jarinya di dalam darah korban penghapus dosa orang biasa, menaruhnya di tanduk-tanduk mezbah korban bakaran, dan menuangkan sisanya di mezbah. Walau ada kemungkinan orang biasa akan berbuat dosa lagi kemudian karena imannya yang kecil, jika ia menyesalinya dan hatinya bertobat setelah melakukan dosa, Allah akan menunjukkan belas kasihan dan mengampuni dia. Terlebih lagi, dalam cara Allah memerintahkan agar "kambing betina" yang dipersembahkan, kita dapat menilai bahwa dosa yang dilakukan dalam tingkatan ini lebih mudah diampuni daripada dosa-dosa yang untuknya harus dipersembahkan korban berupa domba jantan atau kambing jantan. Ini bukan berarti bahwa Allah mengizinkan pertobatan yang biasa saja; seseorang harus mempersembahkan kepada Allah pertobatan sejati, yang berarti tidak boleh berbuat dosa lagi.

Ketika seseorang dengan iman yang kecil menyadari dan bertobat dari dosa-dosanya dan melakukan segala upaya untuk tidak melakukan dosa yang sama lagi, maka frekuensi kemungkinan mereka akan berbuat dosa akan berkurang dari 10 kali menjadi 5 atau 3 kali, dan akhirnya ia akan dapat membuangnya sama sekali. Allah menerima pertobatan yang diikuti oleh buah. Ia tidak akan menerima pertobatan bahkan dari orang percaya baru jika pertobatan itu hanya di mulut tanpa mengubah hati.

Allah akan bersukacita dan menyayangi orang percaya baru yang segera bertobat dari dosa-dosanya ketika ia menyadarinya membuangnya dengan tekun. Alih-alih mengukur diri sendiri, 'Di sinilah imanku berada, jadi ini cukup bagiku,' bukan hanya dalam pertobatan, tapi juga dalam doa, penyembahan, dan segala aspek kehidupan lainnya dalam Kristus, ketika seseorang bergumul untuk mencoba melakukan di luar kemampuannya, ia akan memperoleh lebih banyak lagi kasih dan berkat Allah yang melimpah.

Ketika seseorang tak mampu memberikan kambing betina dan karenanya memberikan anak domba, maka anak domba itu juga harus betina (Imamat 4:32). Orang yang miskin memberikan dua burung tekukur atau dua burung merpati, dan yang lebih miskin lagi memberikan sedikit tepung halus (Imamat 5:7, 11). Allah yang adil menggolongkan dan menerima korban penghapus dosa menurut ukuran iman masing-masing orang.

Sejauh ini kita telah membahas bagaimana membuat penebusan dan prdamaian dengan Allah dengan memeriksa korban penghapus dosa yang diberikan kepada-Nya oleh orang-orang dari tingkatan dan kewajiban yang berbeda. Saya berharap masing-masing pembaca akan berdamai dengan Allah dengan selalu memeriksa tugas yang diberikan Allah kepadanya dan keadaan imannya, dan juga bertobat secara menyeluruh dari segala salah dan dosa kapan pun ada tembok dosa ditemukan dalam jalannya kepada Allah.

Bab 7

Korban Penebus Salah

"Apabila seseorang berubah setia
dan tidak sengaja berbuat dosa dalam sesuatu hal kudus
yang dipersembahkan kepada TUHAN,
maka haruslah ia mempersembahkan kepada TUHAN
sebagai tebusan salahnya seekor domba jantan
yang tidak bercela dari kambing domba,
dinilai menurut syikal perak, yakni menurut syikal kudus,
menjadi korban penebus salah."

Imamat 5:15

1. Makna Dari Korban Penebus Salah

Korban penebus salah diberikan kepada Allah untuk dapat memberi ganti rugi atas dosa yang dilakukan. Ketika hamba Allah berdosa melawan Dia, mereka harus mempersembahkan kepada-Nya korban penebus salah dan berdoa di hadapan Dia. Namun, tergantung dari jenis dosanya, orang yang telah berbuat dosa itu bukan hanya harur berbalik hatinya dari jalan-jalan dosa, tapi ia juga harus bertanggung jawab atas kesalahannya. Misalnya, ada orang yang meminjam barang milik temannya tapi secara tak sengaja merusaknya. Di sini, orang itu tidak bisa hanya berkata, "Aku minta maaf." Ia tidak hanya harus minta maaf tapi juga mengganti barang itu kepada temannya. Jika orang itu tidak dapat menggantinya jenis barang yang telah ia hancurkan, ia harus membayar kembali kepada temannya itu nilai yang setara untuk mengganti kehilangan itu. Inilah pertobatan sejati.

Memberikan korban penebus salah mewakili perbuatan menciptakan perdamaian dengan melakukan penggantian atau mengambil tanggung jawab atas perbuatan salah. Hal yang sama berlaku untuk pertobatan di hadapan Allah. Sama seperti kita mengkompensasi kerusakan yang kita akibatkan terhadap saudara seiman kita, kita harus mendemonstrasikan kepada-Nya suatu tindakan pertobatan yang layak setelah kita berdoa terhadap Dia agar pertobatan kita menjadi sempurna.

2. Situasi dan Metode Memberikan Korban Penebus Salah

1) Setelah Memberikan Kesaksian Palsu

Imamat 5:1 mengatakan, *"Apabila seseorang berbuat dosa, yakni jika ia mendengar seorang mengutuki, dan ia dapat naik saksi karena ia melihat atau mengetahuinya, tetapi ia tidak mau memberi keterangan, maka ia harus menanggung kesalahannya sendiri."* Ada saat-saat ketika orang, bahkan setelah bersumpah untuk mengatakan kebenaran, memberikan kesaksian palsu ketika kepentingan mereka terancam.

Misalnya, anak Anda telah melakukan kejahatan dan orang tidak bersalah dituduh melakukan kejahatan itu. Jika Anda duduk sebagai saksi, apakah Anda percaya Anda akan dapat memberikan kesaksian yang akurat? Jika Anda tetap diam untuk melindungi anak Anda, karenanya akan mengakibatkan masalah bagi orang lain, orang mungkin tidak tahu kebenarannya tapi Allah melihat segala sesuatu. Karenanya, seorang saksi harus bersaksi persis seperti yang telah ia lihat dan dengar, sehingga dalam pengadilan yang adil, tidak seorang pun mengalami ketidakadilan.

Ini sama halnya dalam kehidupan kita sehari-hari. Banyak orang yang tidak dapat menyampaikan dengan tepat apa yang telah mereka lihat dan dengar, dalam penilaian mereka sendiri mereka menyampaikan informasi dengan tidak benar. Ada orang yang memberikan informasi dengan mengarang cerita seolah mereka telah melihat sesuatu yang sebenarnya tidak mereka lihat.

Karena kesaksian-kesaksian palsu yang demikian, orang tidak bersalah dihukum karena kejahatan yang tidak mereka lakukan dan karenanya mengalami ketidakadilan. Kita menemukan dalam Yakobus 4:17, *"Jadi jika seorang tahu bagaimana ia harus berbuat baik, tetapi ia tidak melakukannya, ia berdosa."* Anak-anak Allah yang mengetahui kebenaran harus membedakan kebenaran dan memberikan kesaksian yang benar sehingga tidak ada orang yang akan berada dalam kesulitan atau dibahayakan.

Jika kebenaran dan kebenaran telah tinggal di dalam hati kita, kita akan selalu berbicara benar dalam segala sesuatu. Kita tidak akan menjelek-jelekkan atau menyalahkan orang lain, membelokkan kebenaran, atau memberikan jawaban yang tidak relevan. Jika ada orang yang telah menyakiti orang lain dengan menghindari membuat pernyataan ketika diperlukan atau malah memberikan kesaksian palsu, ia harus mempersembahkan epada Allah korban penebus salah.

2) Setelah Menyentuh Hal yang Najis

Kita membaca dalam Imamat 5:2-3,

Jika ada orang yang menyentuh hal najis, apakah itu bangkai binatang liar yang najis, atau bangkai dari binatang yang najis atau bangkai dari binatang yang mengeriap yang najis, walaupun ia tidak mengetahuinya, maka ia akan bersalah. Atau jika ia kena kepada kenajisan yang berasal dari manusia, dengan kenajisan apa pun juga ia menjadi najis, tanpa menyadari hal itu, tetapi kemudian ia mengetahuinya, maka ia bersalah.

Di sini, "kenajisan apa pun" secara rohani merujuk pada segala perilaku tidak benar yang menentang kebenaran. Perilaku yang demikian termasuk segala yang dilihat, didengar, atau diucapkan, dan juga hal yang dirasakan oleh tubuh dan hati. Ada hal-hal, sebelum mengetahui kebenaran, yang tidak kita anggap sebagai dosa. Namun, setelah masuk dalam kebenaran, kita mulai menganggap hal yang sama sebagai tidak patut dalam pandangan Allah. Misalnya, ketika kita tidak mengenal Allah, kita mungkin melihat kekerasan dan materi yang cabul seperti pornografi tapi tidak menyadari pada saat itu bahwa hal-hal yang demikian adalah najis. Namun, saat kita mulai menjalani hidup kita dalam Kristus, kita belajar bahwa hal-hal yang demikian melawan kebenaran. Begitu kita sadar telah melakukan hal-hal yang dianggap najis ketika diukur dengan kebenaran, kita harus bertobat dan mempersembahkan korban penebus salah kepada Allah.

Bahkan dalam hidup kita dalam Kristus, ada saat-saat ketika kita tidak sengaja melihat dan mendengar hal-hal yang jahat. Akan baik jika kita dapat menjaga hati kita bahkan setelah melihat atau mendengar hal-hal yang demikian. Namun, karena ada kemungkinan bahwa orang percaya mungkin tidak akan dapat menjaga hatinya dan menerima perasaan yang menyertai hal-hal najis demikian, ia harus segera bertobat begitu menyadari dosanya dan mempersembahkan kepada Allah korban penebus salah.

3) Setelah Bersumpah

Imamat 5:4 mengatakan, *"Atau apabila seseorang bersumpah teledor dengan bibirnya hendak berbuat yang buruk atau yang baik, sumpah apapun juga yang diucapkan orang dengan teledor, tanpa menyadari hal itu, tetapi kemudian ia mengetahuinya, maka ia bersalah dalam salah satu perkara itu."* Allah melarang kita bersumpah untuk "berbuat yang buruk atau yang baik."

Mengapa Allah melarang kita bersumpah, membuat nazar atau membuat janji sumpah? Sudah sewajarnya Allah melarang kita dari bersumpah "untuk melakukan kejahatan", tetapi Ia juga melarang kita dari bersumpah "untuk melakukan kebaikan" karena manusia tidak dapat memegang 100% dari apa yang ia sumpahkan (Matius 5:33-37; Yakobus 5:12). Sampai ia menjadi sempurna oleh kebenaran, hati manusia dapat berubah menurut kepentingan dan emosinya, dan tidak memegang apa yang telah ia nazarkan. Terlebih lagi, ada saat-saat ketika Iblis dan setan ikut campur dalam hidup orang percaya dan mencegah mereka dari memenuhi nazar mereka sehingga mereka dapat membuat dasar untuk mendakwa orang percaya. Pertimbangkan contoh ekstrem ini: Misalkan ada orang yang bersumpah, "Aku akan melakukan ini dan ini besok," tapi ia tiba-tiba mati hari ini. Bagaimana ia bisa memenuhi sumpahnya?

Karena alasan ini, manusia tidak pernah boleh bersumpah

untuk berbuat buruk atau bahkan bersumpah untuk berbuat baik, alih-alih bersumpah, ia harus berdoa kepada Allah dan meminta kekuatan. Misalkan, jika orang yang sama bernazar untuk berdoa tanpa henti, alih-alih bernazar, "Aku akan datang ke pertemuan doa semalaman setiap hari," ia harus berdoa, "Allah, tolong aku untuk berdoa tanpa henti dan jagai aku dari gangguan si jahat Iblis dan setan." Jika ada orang yang terburu-buru bersumpah, ia harus bertobat dan mempersembahkan kepada Allah korban penebus salah.

Jika ada dosa dari tiga situasi di atas, maka orang itu *"mempersembahkan kepada TUHAN sebagai tebusan salah karena dosa itu seekor betina dari domba atau kambing, menjadi korban penghapus dosa. Dengan demikian imam mengadakan pendamaian bagi orang itu karena dosanya"* (Imamat 5:6).

Di sini, pemberian korban penghapus dosa diperintahkan besama dengan penjelasan korban penebus salah. Ini karena untuk dosa yang dipersembahkan korban penebus salah itu, harus juga diberikan korban penghapus dosa. Korban penghapus dosa, seperti yang dijelaskan sebelumnya, adalah bertobat di hadapan Allah setelah berdosa dan berbalik sepenuhnya dari dosa itu. Namun, juga telah diterangkan bahwa ketika dosa mengharuskan seseorang tidak hanya berbalik hatinya dari jalan-jalan dosa yang jahat, tapi juga agar ia mengambil tanggung jawab, maka korban penebus salah membuat pertobatannya menjadi sempurna ketika ia membayar kerugian atau kehilangan atau mengambil tanggung jawab melalui perbuatan tertentu. Dalam keadaan sedemikian, seseorang tidak hanya harus memberi ganti rugi tapi ia juga harus mempersembahkan kepada Allah korban penebus salah yang diikuti oleh korban penghapus dosa karena ia juga harus bertobat di hadapan Allah. Bahkan jika orang itu telah berbuat dosa terhadap orang lain, karena ia telah melakukan dosa yang seharusnya tidak ia lakukan sebagai anak Allah, ia juga harus bertobat di hadapan Bapa surgawi. Misalkan ada orang yang menipu saudarinya dan mengambil milik atau harta miliknya. Jika orang itu ingin bertobat, pertama ia harus membuat hatinya bertobat di hadapan Allah serta membuang ketamakan dan tipu daya. Kemudian ia harus menerima pengampunan dari saudarinya yang telah ia rugikan itu. Kini, bukan hanya ia harus minta maaf dengan bibirnya tapi ia juga harus memberi ganti rugi sebanyak kerugian yang dialami saudarinya akibat perbuatannya. Di sini, "korban penghapus dosa" orang ini adalah tindakan berbalik dari jalan-jalannya yang jahat di hadapan Allah, dan "korban penghapus salahnya" adalah tidankan pertobatan dengan mencari pengampunan dari saudarinya dan memberi restitusi serta kompensasi atas kerugiannya.

Dalam Imamat 5:6, Allah memerintahahkan bahwa dalam memberikan korban penghapus dosa yang menyertai korban penebus salah, harus diberikan anak domba betina atau kambing betina. Dalam ayat berikut ini, kita membaca bahwa setiap orang yang tidak mampu memberikan anak domba atau kambing harus mempersembahkan dua burung tekukur atau dua burung merpati muda sebagai korban penebus salah. Harap ingat bahwa ada dua burung yang dikorbankan. Satu diberikan sebagai korban penghapus dosa dan yang satu lagi sebagai korban bakaran. Mengapa Allah memerintahkan agar korban bakaran diberikan bersamaan dengan korban penghapus dosa dengan dua burung tekukur atau dua burung merpati? Korban bakaran menandakan agar memelihara kekudusan hari Sabat. Dalam penyembahan rohani ini adalah mempersembahakan kebaktian yang diberikan kepada Allah pada hari Minggu. Karenanya, sebelumnya mempersembahkan dua burung tekukur atau dua burung merpati sebagai korban penghapus dosa bersama dengan korban bakaran menyatakan bahwa pertobatan manusia disempurnakan dengan ia menjaga kekudusan Hari Tuhan. Pertobatan yang sempurna bukan hanya mengharuskan pertobatan seseorang begitu ia menyadari bahwa ia telah berdosa, tetapi juga pengakuan dosanya dan pertobatannya di ruang kudus Allah pada Hari Tuhan.

Jika orang itu sangat miskin sehingga ia tak mampu untuk bahkan mempersembahkan burung tekukur atau burung merpati, maka ia harus mempersembahkan kepada Allah sepersepuluh efa (ukuran yang bernilai sekitar 22 liter, atau 5 galon) tepung halus sebagai korban. Korban penghapus dosa seharusnya dilakukan dengan binatang karena ini adalah korban pengampunan. Tapi, dalam belas kasih-Nya, Allah mengizinkan orang miskin, yang tak dapat memberikan kepadanya korban binatang, untuk mempersembahkan tepung supaya mereka dapat menerima pengampunan atas dosa-dosa mereka.

Ada perbedaan antara korban penghapus dosa yang diberikan dengan tepung dan korban sajian yang diberikan dengan tepung. Bila dalam korban sajian ditambahkan minyak dan kemenyan untuk membuatnya beraroma wangi dan terlihat lebih kaya, maka tidak ada minyak atau kemenyan yang ditambahkan pada korban penghapus dosa. Mengapa demikian? Membakar korban tebusan membawa makna yang sama dengan membakar dosa seseorang.

Fakta bahwa tidak ada minyak atau kemenyan yang ditambahkan pada tepung itu jika dilihat secara rohani, memberi tahu kita bahwa perilaku yang harus dimiliki seseorang saat datang ke hadapan Allah untuk bertobat. 1 Raja-Raja 21:27 mengatakan kepada kita bahwa ketika Raja Ahab bertobat di hadapan Allah, ia *"mengoyakkan pakaiannya, mengenakan kain kabung pada tubuhnya dan berpuasa. Bahkan ia tidur dengan memakai kain kabung, dan berjalan dengan langkah lamban."* Ketika seseorang membawa hatinya dalam pertobatana, ia akan secara alami mengubah kelakuannya, melakukan pengendalian diri, dan merendahkan dirinya. Ia akan menjadi waspada atas perkataannya dan cara-cara ia melakukan sesuatu, dan menunjukkan kepada Allah bahwa ia sedang berusaha keras menjalankan hidup yang dikendalikan.

4) Setelah Berdosa Melawan Hal Kudus atau Menyebabkan Kerugian kepada Saudara dalam Kristus

Dalam Imamat 5:15-16 kita membaca,

Apabila seseorang berubah setia dan tidak sengaja berbuat dosa dalam sesuatu hal kudus yang dipersembahkan kepada TUHAN, maka haruslah ia mempersembahkan kepada TUHAN sebagai tebusan salahnya seekor domba jantan yang tidak bercela dari kambing domba, dinilai menurut syikal perak, yakni menurut syikal kudus, menjadi korban penebus salah. Hal kudus yang menyebabkan orang itu berdosa, haruslah dibayar gantinya dengan menambah seperlima, lalu menyerahkannya kepada imam. Imam harus mengadakan pendamaian bagi orang itu dengan domba jantan korban penebus salah itu, sehingga ia menerima pengampunan.

"Hal kudus TUHAN" mengacu pada ruang kudus Allah atau segala artikel dalam ruang kudus Allah. Bahkan pendeta atau orang yang memberikan korban persembahan dapat mengambil, menggunakan, atau menjual segala barang yang telah dipisahkan bagi Allah dan sehingga dianggap kudus. Terlebih lagi, hal-hal yang harus kita jaga sebagai kudus terbatas tidak hanya pada "hal-hal kudus" tapi juga berlaku pada seluruh ruang kudus. Ruang kudus atau gereja adalah tempat yang telah Allah pisahkan dan merupakan tempat Ia telah menaruh nama-Nya.

Tidak boleh ada kata-kata duniawi atau kata-kata jahat yang diucapkan di dalam ruang kudus. Orang percaya yang merupakan orang tua juga harus mengajari anak-anak mereka agar tidak berlarian atau bermain; membuang suara-suara yang mengganggu; mengotori atau membuat berantakan; atau merusak segala benda kudus di dalam gereja. Jika hal-hal kudus Allah rusak secara tidak sengaja, maka orang yang telah merusaknya harus mengganti hal itu dengan yang lebih baik, lebih sempurna dan tidak bercela. Terlebih lagi, restitusi tidak boleh ada dalam jumlah nilai barang yang rusak, tapi "seperlima darinya" harus ditambahkan sebagai korban penebus salah. Allah telah memerintahkan demikian untuk mengingatkan kita agar bertindak dengan patut dan mengendalikan diri. Kapan pun kita menyentuh hal-hal kudus, kita harus selalu berhati-hati dan mengendalikan diri sehingga kita tidak menyalahgunakan atau merusak hal-hal milik Allah. Jika kita merusak sesuatu karena kecerobohan kita, kita harus bertobat dari dalam hati kita dan memberikan restitusi dengan nilai yang lebih besar dari barang yang rusak itu.

Imamat 6:2-5 memberi tahu kita cara-cara bagi setiap orang untuk dapat menerima pengampunan dosa setelah *"memungkiri terhadap sesamanya barang yang dipercayakan kepadanya, atau barang yang diserahkan kepadanya atau barang yang dirampasnya, atau apabila ia telah melakukan pemerasan atas sesamanya,"* atau *"atau bila ia menemui barang hilang, dan memungkirinya, dan ia bersumpah dusta."* Ini adalah cara untuk bertobat dari perbuatan salah yang dilakukan sebelum seseorang menjadi percaya kepada Allah, dan bertobat serta menerima pengampunan setelah menyadari sendiri bahwa ia telah dengan tidak sadar mengambil milik atau harta orang lain.

Untuk dapat memberikan penebusan atas dosa yang

demikian, ia tidak hanya harus memberikan barang yang diambil itu kepada pemilik semula tetapi juga tambahan "seperlima bagian" dari nilai barang yang diambil. Di sini, "seperlima bagian" tidak selalu berarti bahwa porsinya harus ditentukan dengan angka. Ini juga berarti bahwa ketika seseorang menunjukkan tindakan pertobatan, ini harus berasal dari dalam hatinya. Maka Allah akan mengampuni dosa-dosanya. Misalkan, ada waktu-waktu ketika semua perbuatan salah di masa lalu dapat dihitung secara perorangan dan dibayar dengan akurat. Dalam hal demikian, yang harus dilakukan orang itu adalah cukup dengan menunjukkan tindakan pertobatan dengan tekun mulai dari saat itu. Dengan uang yang diperolehnya dalam pekerjaan atau bisnis, ia dapat dengan tekun memberi bagi kerajaan Allah atau memberikan bantuan keuangan bagi orang-orang yang membutuhkan. Ketika ia membangun tindakan pertobatan yang sedemikian, Allah akan mengakui hatinya dan mengampuni dia dari dosa-dosanya.

Harap ingat bahwa pertobatan adalah bahan paling penting dalam korban penebus salah atau korban penghapus dosa. Yang Allah rindukan dari kita bukanlah ternak yang gemuk tetapi roh yang remuk (Mazmur 51:17). Karenanya dalam menyembah Allah, kita harus bertobat dari dosa dan kejahatan dari kedalaman hati kita dan menghasilkan buang yang mengikuti. Saya berharap bahwa saat Anda memberikan kepada Allah penyembahan dan korban dalam cara yang berkenan kepada-Nya, dan hidup Anda sebagai korban yang hidup yang dapat diterima-Nya, Anda akan selalu berjalan dalam kasih dan berkat-Nya yang melimpah.

Bab 8

Berikan Tubuhmu Sebagai Korban yang Hidup dan Kudus

"Karena itu, saudara-saudara,
demi kemurahan Allah aku menasihatkan kamu,
supaya kamu mempersembahkan tubuhmu
sebagai persembahan yang hidup,
yang kudus dan yang berkenan kepada Allah:
itu adalah ibadahmu yang sejati."

Roma 12:1

1. Seribu Korban Bakaran Salomo dan Berkatnya

Salomo naik tahta pada usia 20 tahun. Dari masa mudanya ia telah dididik dalam iman olem nabi Nathan, mengasihi Allah, dan ia mengamti perbuatan ayahnya, Raja Daud. Setelah naik tahta, Salomo mempersembahkan kepada Allah seribu korban bakaran.

Mempersembahkan seribu korban bakaran sama sekali bukan hal yang mudah. Ada banyak batasan yang berkaitan dengan tempat, waktu, korban untuk dipersembahkan, dan metode yang dilakukan dalam mempersembahkan korban di masa Perjanjian Lama. Terlebih lagi, tidak seperti orang biasa, Raja Salomo akan memerlukan tempat lebih luas karena ia memiliki banyak orang yang menyertai dia dan lebih banyak korban untuk diberikan. Dalam 2 Tawarikh 1:2-3, dikatakan, *"Salomo memberi perintah kepada seluruh Israel, kepada kepala-kepala pasukan seribu dan pasukan seratus, kepada para hakim dan kepada semua pemimpin di seluruh Israel, yakni para kepala puak. Lalu pergilah Salomo bersama-sama dengan segenap jemaah itu ke bukit pengorbanan yang di Gibeon, sebab di situlah Kemah Pertemuan Allah yang dibuat Musa, hamba TUHAN itu, di padang gurun."* Salomo pergi ke Gibeon karena kemah pertemuan Allah yang dibangun Musa di padang gurun, ada di sana.

Dengan semua orang-orangnya, Salomo datang ke hadapan "TUHAN di atas mezbah tembaga yang di depan Kemah Pertemuan itu" dan mempersembahkan seribu korban bakaran kepada Dia. Telah dijelaskan sebelumnya bahwa korban bakaran adalah mempersembahkan kepada Allah aroma yang berasal dari pembakaran binatang yang dikorbankan, dan bahwa itu mempersembahkan kehidupan kepada Allah yang menandakan pengorbanan dan pengabdian yang sempurna.

Malam itu, Allah mendatangi Salomo dalam mimpi, *"Mintalah apa yang hendak Kuberikan kepadamu"* (2 Tawarikh 1:7). Salomo menjawab,

> *Engkaulah yang telah menunjukkan kasih setia-Mu yang besar kepada Daud, ayahku, dan telah mengangkat aku menjadi raja menggantikan dia. Maka sekarang, ya TUHAN Allah, tunjukkanlah keteguhan janji-Mu kepada Daud, ayahku, sebab Engkaulah yang telah mengangkat aku menjadi raja atas suatu bangsa yang banyaknya seperti debu tanah. Berilah sekarang kepadaku hikmat dan pengertian, supaya aku dapat keluar dan masuk sebagai pemimpin bangsa ini, sebab siapakah yang dapat menghakimi umat-Mu yang besar ini?* (2 Tawarikh 1:8-10)

Salomo tidak meminta kekayaan, harta, kehormatan, nyawa musuh-musuhnya, atau umur panjang. Ia hanya meminta hikmat dan pengetahuan agar ia dapat memerintah rakyatnya dengan baik. Allah senang dengan jawaban Salomo dan memberikan kepada sang raja tidak hanya hikmat dan pengetahuan yang telah ia minta, namun juga kekayaan, harta, dan kehormatan, yang tidak dimintanya. Allah berkata kepada Salomo, *"maka kebijaksanaan dan pengertian itu diberikan kepadamu. Selain itu Aku berikan kepadamu kekayaan, harta benda dan kemuliaan, sebagaimana belum pernah ada pada raja-raja sebelum engkau dan tidak akan ada pada raja-raja sesudah engkau"* (ay. 12).

Ketika kita mempersembahkan kepada Allah kebaktian penyembahan rohani dalam cara yang menyukakan Allah, Ia akan sebaliknya memberkati kita sehingga dalam segala hal kita dapat menjadi makmur dan kesehatan kita baik sama seperti jiwa kita baik-baik saja.

2. Dari Zaman Kemah Suci dan Zaman Bait Allah

Setelah menyatukan kerajaannya dan tercipta kestabilan, ada satu hal yang menyusahkan hati Raja Daud, ayah Salomo: Bait Allah belum dibangun. Daud sedih karena Tabut Allah ada di dalam tirai kemah pertemuan sementara ia tinggal di istana yang terbuat dari kayu pohon aras, dan ia ingin membangun bait suci. Namun, Allah tidak mengizinkan ini, karena Daud telah menumpahkan begitu banyak darah dalam pertempuran dan karenanya tidak sesuai untuk membangun bait suci Allah.

> *Tetapi firman TUHAN datang kepadaku dan berkata, "Telah kautumpahkan sangat banyak darah dan telah kaulakukan peperangan yang besar; engkau tidak akan mendirikan rumah bagi nama-Ku, sebab sudah banyak darah kautumpahkan ke tanah di hadapan-Ku"* (1 Tawarikh 22:8).

> *Tetapi kata Allah kepadaku, "Engkau tidak akan mendirikan rumah bagi nama-Ku, sebab engkau ini seorang prajurit dan telah menumpahkan darah"* (1 Tawarikh 28:3).

Walaupun Daud tidak dapat memenuhi impiannya untuk membangun Bait Suci, dalam rasa syukur ia tetap taat kepada Allah. Ia juga mempersiapkan emas, perak, perunggu, batu-batu berharga, dan kayu pohon aras, semua bahan yang diperlukan sehingga raja berikutnya, anaknya Salomo, dapat membangun Bait Suci itu.

Pada tahun keempat pemerintahannya, Salomo bernazar untuk melakukan kehendak Allah dan membangun Bait Suci. Ia memulai pekerjaan pembangunan itu di Gunung Moria di Yerusalem dan menyelesaikannya dalam waktu tujuh tahun. Empat ratus delapan puluh tahun setelah orang Israel meninggalkan Mesir, akhirnya Bait Allah selesai. Salomo membawa Tabut Kesaksian (Tabut Perjanjian) dan semua benda kudus ke dalam Bait Allah.

Ketika imam membawa Tabut Kesaksian ke dalam Ruang

Mahakudus, kemuliaan Allah memenuhi tempat itu, *"sehingga imam-imam tidak tahan berdiri untuk menyelenggarakan kebaktian oleh karena awan itu, sebab kemuliaan TUHAN memenuhi rumah TUHAN"* (1 Raja-Raja 8:11). Ini mengakhiri Masa Kemah Suci dan mulainya Masa Bait Allah.

Dalam doanya ketika mempersembahkan Bait Suci kepada Allah, Salomo memohon kepada-Nya agar Ia mengampuni umat-Nya ketika mereka menghadap ke arah Bait Suci dalam doa yang sungguh-sungguh bahkan setelah mereka mengalami penderitaan akibat dosa mereka.

Dan dengarkanlah permohonan hamba-Mu dan umat-Mu Israel yang mereka panjatkan di tempat ini; bahwa Engkau juga yang mendengarnya di tempat kediaman-Mu di sorga; dan apabila Engkau mendengarnya, maka Engkau akan mengampuni (1 Raja-Raja 8:30).

Karena Raja Salomo mengetahui dengan baik bahwa pembangunan Bait Suci telah menyenangkan Allah dan menjadi berkat, ia dengan berani meminta pengampunan Allah bagi bangsanya. Setelah mendengar doa raja, Allah menjawab,

Telah Kudengar doa dan permohonanmu yang kausampaikan ke hadapan-Ku; Aku telah menguduskan rumah yang kaudirikan ini untuk

membuat nama-Ku tinggal di situ sampai selama-lamanya, maka mata-Ku dan hati-Ku akan ada di situ sepanjang masa (1 Raja-Raja 9:3).

Karenanya, ketika seseorang menyembah Allah sekarang dengan segenap hati, pikiran, dan ketulusannya yang mendalam di gereja yang kudus tempat Allah tinggal, Allah akan menemuinya dan menjawab kerinduan hatinya.

3. Penyembahan Kedagingan & Penyembahan Rohani

Dari Alkitab kita mengetahui bahwa ada jenis-jenis penyembahan yang tidak diterima oleh Allah. Tergantung dari hati seperti apakah penyembahan itu dipersembahkan, ada kebaktian penyembahan rohani yang Allah terima, dan ada kebaktian penyembahan kedagingan yang Ia tolak.

Adam dan Hawa diusir keluar dari Taman Eden akibat ketidaktaatan mereka. Dalam Kejadian 4, kita membaca tentang kedua anak lelaki mereka. Anak sulung mereka bernama Kain dan anak yang lebih muda bernama Habel. Ketika usia mereka sudah cukup, Kain dan Habel masing-masing memberikan persembahan kepada Allah. Kain bertani dan ia memberikan *"hasil dari tanah itu"* (Ayat 3) sementara Habel mempersembahkan *"korban persembahan dari anak sulung kambing dombanya, yakni lemak-lemaknya"* (Ayat

4). Sebaliknya Allah *"hmengindahkan Habel dan korban persembahannya itu; tetapi Kain dan korban persembahannya tidak diindahkan-Nya"* (Ayat 4-5).

Mengapa Allah tidak menerima korban persembahan Kain? Dalam Ibrani 9:22 kita menemukan bahwa persembahan yang diberikan kepada Allah harusnya korban darah yang dapat mengampuni dosa menurut hukum di alam rohani. Untuk alasan itulah, binatang seperti lembu jantan atau domba diberikan sebagai korban persembahan di masa Perjanjian Lama, sementara Yesus, Anak Domba Allah, menjadi korban tebusan dengan menumpahkan darah-Nya di masa Perjanjian Baru.

Ibrani 11:4 berkata, *"Karena iman Habel telah mempersembahkan kepada Allah korban yang lebih baik dari pada korban Kain. Dengan jalan itu ia memperoleh kesaksian kepadanya, bahwa ia benar, karena Allah berkenan akan persembahannya itu dan karena iman ia masih berbicara, sesudah ia mati."* Dengan kata lain, Allah menerima korban Habel karena ia telah memberikan kepada Allah korban darah menurut kehendak-Nya, tetapi menolak korban Kain yang tidak diberikan menurut kehendak-Nya.

Dalam Imamat 10:1-2, kita membaca tentang Nadab dan Abihu yang menaruh *"mempersembahkan ke hadapan TUHAN api yang asing yang tidak diperintahkan-Nya kepada mereka,"* dan sehingga dihanguskan oleh api yang *"keluar dari hadapan TUHAN."* Kita juga membaca dalam 1 Samuel 13 bagaimana Allah meninggalkan Raja Saul setelah raja itu melakukan dosa dengan melakukan tugas Nabi Samuel. Sebelum pertempuran jarak dekat dengan orang Filistin, Raja Saul melakukan persembahan korban kepada Allah ketika Nabi Samuel tidak datang dalam waktu yang ditentukan. Ketika Samuel tiba, setelah korban itu diberikan oleh Saul, Saul memberi alasah dengan memberi tahu sang nabi bahwa ia sebenarnya segan melakukan itu tetapi bangsa Israel sudah berserak-serak meninggalkannya. Samuel menjawab Saul dengan berkata, "Perbuatanmu itu bodoh," dan ia mengatakan bahwa Allah telah meninggalkannya.

Dalam Maleakhi 1:6-10, Allah menegur anak-anak Israel karena tidak memberikan kepada Allah yang terbaik dari yang bisa mereka persembahkan, tetapi mempersembahkan hal-hal yang tidak berguna bagi mereka. Allah menambahkan bahwa Ia tidak menerima jenis penyembahan yang mungkin mengikuti formalitas agama tapi tidak diikuti dengan hati orang-orangnya. Dalam istilah sekarang, itu berarti bahwa Allah tidak akan menerima kebaktian penyembahan yang kedagingan.

Yohanes 4:23-24 mengatakan kepada kita bahwa Allah akan dengan senang menerima kebaktian penyembahan rohani yang dipersembahkan orang-orang kepada-Nya dalam roh dan kebenaran, dan memberkati mereka untuk melakukan keadilan, belas kasih, dan kesetiaan. Dalam Matius 15:7-9 dan di dalam 23:13-18 kita diberi tahu bahwa Yesus sangat keras menegur orang-orang Farisi dan ahli Taurat pada masanya yang dengan ketat mengikuti tradisi manudia tapi hatinya tidak menyembah Allah dalam kebenaran. Allah tidak menerima penyembahan yang diberikan manusia dengan sembarangan. Penyembahan harus diberikan menurut prinsip-prinsip yang telah ditetapkan Allah. Beginilah Kekristenan dapat dengan jelas dibedakan dari agama lainnya di mana pengikutnya dapat membuat penyembahan untuk memuaskan kebutuhan mereka dan memberikan penyembahan dalam cara yang menyenangkan mereka. Di satu sisi, kebaktian penyembahan kedagingan adalah kebaktian penyembahan tanpa makna di mana orang hanya datang ke gereja dan ikut kebaktian penyembahan. Di sisi lain, kebaktian penyembahan rohani adalah tindakan memuja dari dalam hati dan ikut serta dalam kebaktian rohani dalam roh dan kebenara oleh anak-anak Allah yang mengasihi Allah surgawi mereka. Demikianlah, bahkan jika ada dua orang yang memberikan penyembahan di waktu dan tempat yang sama, tergantung pada hati masing-masing orang, Allah dapat menerima penyembahan satu orang dan menolak penyembahan orang yang lain. Bahkan jika orang datang ke gereja dan menyembah Allah, tidak ada gunanya jika Allah berkata, "Aku tidak menerima penyembahanmu."

4. Berikan Tubuhmu Sebagai Korban yang Hidup dan Kudus

Jika tujuan dari keberadaan kita adalah untuk memuliakan Allah, maka penyembahan haruslah menjadi fokus kehidupan kita dan kita harus hidup setiap saat dengan sikap menyembah

Dia. Korban yang hidup dan kudus yang diterima oleh Allah, penyembahan dalam roh dan kebenaran, tidak dipenuhi dengan datang ke kebaktian Minggu sekali seminggu sambil hidup sesukanya menurut keinginan dan kehendak seseorang dari hari Senin sampai Sabtu. Kita telah dipanggil untuk menyembah Allah kapan saja dan di mana saja.

Pergi ke gereja adalah lanjutan dari kehidupan menyembah. Karena segala penyembahan yang terpisah dari hidup seseorang bukanlah penyembahan yang sejati, hidup seorang percaya sebagai keseluruhan haruslah menjadi kehidupan kebaktian penyembahan rohani yang dipersembahkan kepada Allah. Kita tidak boleh hanya mempersembahkan kebaktian penyembahan yang indah di gereja menurut prosedur dan makna yang sesuai, tapi kita juga harus menjalani kehidupan yang kudus dan murni dengan menaati semua perintah Allah dalam hidup kita sehari-hari.

Roma 12:1 berkata, *"Karena itu, saudara-saudara, demi kemurahan Allah aku menasihatkan kamu, supaya kamu mempersembahkan tubuhmu sebagai persembahan yang hidup, yang kudus dan yang berkenan kepada Allah: itu adalah ibadahmu yang sejati."* Sama seperti Yesus menyelamatkan semua umat manusia dengan mempersembahkan tubuh-Nya sebagai korban, Allah ingin agar kita juga memberikan tubuh kita sebagai korban persembahan yang hidup dan kudus.

Selain bangunan Bait Allah yang kelihatan, karena Roh Kudus, yang merupakan satu dengan Allah, tinggal di dalam hati kita, masing-masing kita juga telah menjadi bait Allah (1 Korintus 6:19-20). Kita harus dibarui setiap hari dalam kebenaran dan menjaga diri kita untuk dikuduskan. Ketika Firman, doa, dan pujian ada dalam hati kita dan ketika kita melakukan segala sesuatu dalam hidup kita dengan hati yang menyembah Allah, kita akan memberikan tubuh kita sebagai korban yang hidup dan kudus yang berkenan kepada Allah.

Sebelum saya bertemu Allah saya mengalami penyakit. Saya menghabiskan banyak waktu dalam keputusasaan tanpa pengharapan. Setelah sakit di tempat tidur selama tujuh tahun, saya memiliki hutang yang sangat besar dari biaya pengobatan dan rumah sakit. Saya ada dalam kemiskinan. Namun, segalanya berubah begitu saya bertemu Allah. Ia menyembuhkan saya dari semua penyakit saya, dan saya mulai hidup saya secara baru.

Karena terpukau oleh kasih karunia-Nya, saya mulai mengasihi Allah di atas segalanya. Pada Hari Tuhan, saya bangun subuh, memastikan saya mandi, dan memakai pakaian dalam yang baru dibersihkan. Bahkan jika saya memakai kaus kaki hanya sebentar pada hari Sabtu, saya tidak pernah memakainya ke gereja keesokan harinya. Saya juga memakai pakaian yang paling bersih dan paling rapi.

Ini bukanlah untuk mengatakan bahwa orang percaya harus tampil gaya ketika mereka mau pergi menyembah. Jika orang percaya sungguh-sungguh percaya dan mengasihi Allah, sudah sewajarnya untuk melakukan persiapan yang terbaik saat datang ke hadapan Allah untuk memuliakan Dia. Bahkan jika keadaan seseorang tidak memungkinan untuk memakai pakaian tertentu, setiap orang dapat mempersiapkan pakaian dan penampilan yang terbaik yang mereka mampu.

Saya selalu memastikan untuk memberi persembahan dengan uang yang baru; kapan pun saya menerima uang yang baru dan masih rapi, saya memisahkannya untuk persembahan. Bahkan dalam keadaan darurat, saya tidak menyentuh uang yang saya pisahkan untuk persembahan. Kita tahu bahkan di masa Perjanjian Lama, ketika sementara ada banyak tingkatan berbeda tergantung pada keadaan masing-masing orang, setiap orang percaya mempersiapkan persembahan ketika datang ke hadapan imam. Mengenai ini Allah memerintahkan kepada kita dengan jelas dalam Keluaran 34:20, *"Janganlah orang menghadap ke hadirat-Ku dengan tangan hampa."*

Seperti yang sudah saya pelajari dari seorang ahli kebangunan rohani, saya selalu memastikan untuk memberikan persembahan besar atau kecil untuk setiap kebaktian penyembahan. Walaupun membayar kembali bunga utang hampir tidak cukup dari penghasilan yang diperoleh istri saya dan saya, tidak sekali pun kami memberikan dengan bersungut-sungut atau menyesal setelah memberikan persembahan. Bagaimana bisa kita menyesal jika persembahan kita digunakan untuk menyelamatkan jiwa-jiwa dan bagi kerajaan Allah, serta melakukan kebenaran-Nya?

Setelah melihat pengabdian kami, pada saat yang dipilih-Nya Allah memberkati kami untuk membayar utang yang besar itu. Saya mulai berdoa kepada Allah agar Ia menjadikan saya penatua yang baik yang dapat memberikan bantuan keuangan bagi orang miskin dan merawat anak-anak yatim, janda-janda, dan orang yang sakit. Namun, Allah dengan tidak terduga memanggil saya menjadi pendeta dan membimbing saya untuk memimpin gereja yang menyelamatkan tidak terhitung banyaknya jiwa-jiwa. Saat saya masih belum menjadi penatua, saya dapat memberikan bantuan kepada banyak orang dan telah diberikan kuasa Allah untuk menyembuhkan orang sakit, yang semuanya jauh melebihi apa yang saya doakan.

5. "Sampai Rupa Kristus Menjadi Nyata di Dalam Kamu"

Sama seperti orang tua bekerja keras dengan sukarela dalam merawat anak-anaknya setelah melahirkan mereka, ada banyak kerja keras, ketekunan, dan pengorbanan yang diperlukan untuk merawat dan membawa setiap jiwa dalam kebenaran. Mengenai hal ini rasul Paulus mengaku dalam Galatia 4:19, *"Hai anak-anakku, karena kamu aku menderita sakit bersalin lagi, sampai rupa Kristus menjadi nyata di dalam kamu."*

Karena saya mengetahui hati Allah yang menganggap satu jiwa lagi saja adalah lebih berharga dari apa pun juga di alam semesta ini dan rindu melihat semua orang menerima keselamatan, saya juga melakukan segala upaya untuk membawa sampai jiwa terakhir ke jalan keselamatan dan ke Yerusalem Baru. Bergumul untuk membawa tingkatan iman pada anggota jemaat gereja *"mencapai kesatuan iman dan pengetahuan yang benar tentang Anak Allah, kedewasaan penuh, dan tingkat pertumbuhan yang sesuai dengan kepenuhan Kristus,"* (Efesus 4:13) saya telah berdoa dan menyiapkan khotbah setiap saat dan kesempatan yang saya temukan. Sementara ada saat-saat ketika saya sangat ingin dudul bersama dengan anggota jemaat gereja untuk berbincang-bincang dengan sukacita, sama seperti gembala bertanggung jawab membawa kawanan dombanya ke jalan yang benar, saya telah mengendalikan diri dalam segala sesuatu dan melakukan tugas yang diberikan Allah kepada saya.

Ada dua kerinduan yang saya miliki bagi setiap orang percaya. Pertama, saya sangat ingin agar banyak orang percaya tidak hanya menerima keselamatan, tetapi juga tinggal di Yerusalem Baru, tempat paling mulia di Surga. Kedua, saya sangat ingin agar semua orang percaya dapat lepas dari kemiskinan dan menjalani hidup yang makmur. Saat gereja mengalami kebangunan rohani dan ukurannya bertambah besar, sejumlah orang diberikan bantuan keuangan dan penyembuhan juga meningkat. Dalam istilah duniawi, tidaklah mudah untuk melihat kebutuhan dan bertindak menurut kebutuhan masing-masing anggota jemaat gereja.

Saya merasakan beban yang paling berat ketika orang percaya melakukan dosa. Ini karena saya tahu bahwa ketika orang percaya berdosa ia menemukan bahwa ia menjauhkan dirinya semakin jauh dari Yerusalem Baru. Dalam kasus yang ekstrem, ia mungkin menemukan bahwa ia tak dapat untuk bahkan menerima keselamatan. Orang percaya dapat menerima jawaban dan kesembuhan rohani dan jasmani hanya setelah ia menghancurkan tembok dosa antara dia dan Allah. Saat bergantung kepada Allah mewakili orang percaya yang telah berdosa, saya tak dapat tidur, melawan kejang-kejang, meneteskan airmata, dan kehabisan energi, serta membangun banyak sekali hari-hari doa dan puasa.

Setelah menerima persembahan ini dalam begitu banyak kesempatan, Allah menunjukkan belas kasih-Nya kepada umat, bahkan kepada orang-orang yang sebelumnya tidak layak diselamatkan, mengaruniakan roh pertobatan kepada mereka sehingga mereka dapat bertobat dan menerima keselamatan. Allah juga telah memperluas pintu keselamatan sehingga tidak terhitung banyaknya orang di seluruh dunia dapat mendengar injil kekudusan dan menerima manifestasi kuasa-Nya.

Setiap kali saya melihat banyak orang percaya bertumbuh dengan indah dalam kebenaran, hal itu sangat memberi kepuasan bagi saya sebagai seorang pendeta. Dengan cara yang sama Tuhan yang tidak bersalah mempersembahkan Diri-Nya Sendiri sebagai aroma yang wangi kepada Allah (Efesus 5:2), saya juga maju mempersembahkan segala aspek hidup saya sebagai korban yang hidup dan kudus kepada Allah bagi kerajaan-Nya dan jiwa-jiwa.

Ketika anak-anak menghormati orangtua mereka di Hari Ibu atau di Hari Ayah ("Hari Orangtua" di Korea) dan menunjukkan tanda terima kasih, maka orangtuanya akan merasa sangat bahagia. Bahkan jika tanda-tanda terima kasih itu mungkin bukan hal yang disukai oleh orangtuanya, tetap saja orangtua akan merasa senang karena tanda terima kasih dari anak-anaknya. Sama halnya, ketika anak-anak-Nya mempersembahkan kepada Allah penyembahan yang telah mereka siapkan dengan usah yang terbaik dalam kasih mereka kepada Allah surgawi mereka, Ia disenangkan dan memberkati mereka.

Tentu saja, tidak boleh ada orang percaya yang hidup sesukanya sepanjang minggu dan menunjukkan pengabdian mereka pada hari Minggu saja. Sama seperti dikatakan Yesus dalam Lukas 10:27, setiap orang percaya harus mengasihi Allah dengan segenap hati, jiwa, kekuatan, dan pikirannya serta mempersembahkan dirinya sebagai korban yang hidup dan kudus setiap hari dalam hidupnya. Dengan menyembah Allah dalam roh dan kebenaran serta mempersembahkan kepada Dia aroma yang wangi dari hati Anda, semoga setiap pembaca akan menikmati dengan berlimpah segala berkat yang telah disiapkan Allah baginya.

.

Penulis:
Dr. Jaerock Lee

Dr. Jaerock Lee lahir di Muan, Provinsi Jenona, Republik Korea, pada tahun 1943. Pada saat ia berumur dua puluhan, Dr. Lee menderita berbagai penyakit yang tak tersembuhkan selama 7 tahun dan menunggu kematian dengan tanpa harapan sembuh. Namun, pada suatu hari di musim semi tahun 1974, ia dibawa ke gereja oleh kakak perempuannya dan saat ia berlutut untuk berdoa, Allah yang hidup seketika menyembuhkannya dari segala penyakitnya.

Dari saat Dr. Lee bertemu Allah yang hidup melalui pengalaman indah tersebut, ia telah mengasihi Allah dengan segenap hati dan ketulusannya, dan pada tahun 1978 ia dipanggil untuk menjadi hamba Allah. Ia berdoa dengan tekun dan tak terhitung banyaknya melakukan doa puasa sehingga ia dapat memahami dengan jelas kehendak Allah, melakukannya sepenuhnya, dan menaati Firman Allah. Pada tahun 1982, ia mendirikan Gerja Pusat Manmin di Seoul, Korea, dan tak terhitung banyaknya pekerjaan Allah, termasuk penyembuhan yang ajaib, tanda-tanda dan mukjizat, telah berlangsung di gerejanya.

Pada tahun 1986, Dr. Lee ditahbiskan sebagai pendeta di Sidang Tahunan Jesus's Sungkyul Church of Korea, dan empat tahun kemudian pada 1990, khotbah-khotbahnya mulai disiarkan di Australia, Rusia, Filipina, dan banyak lagi melalui Far East Broadcasting Company, Asia Broadcast Station, dan Washington Christian Radio Station System.

Tiga tahun kemudian di 1993, Gereja Manmin Pusat terpilih sebagai salah satu dari "50 Gereja Terkemuka Dunia" oleh majalah *Christian World* (AS) dan ia menerima gelar Doktor Kehormatan bidang Keagamaan dari Christian Faith College, Florida, AS, dan pada 1996 gelar Ph.D dalam Pelayanan dari Kingsway Theological Seminary, Iowa, AS.

Sejak 1993, Dr. Lee telah menyasar penginjilan dunia melalui kebaktian-kebaktian penginjilan di Tanzania, Argentina, L.A., Kota Baltimore, Hawaii, dan Kota New York AS, Uganda, Jepang, Pakistan, Kenya, Filipina, Honduras, India, Rusia, Jerman, Peru, Republik

Demokrasi Kongo, Israel dan Estonia.

Pada tahun 2002 ia disebut sebagai "tokoh kebangkitan dunia" oleh koran-koran Kristen utama di Korea atas pelayanannya yang penuh kuasa di berbagai kebaktian penginjilan luar negeri. Khususnya 'New York Crusade 2006' yang diadakan di Madison Square Garden, arena paling terkenal di dunia ditayangkan ke 220 negara, dan di 'Israel United Crusade 2009' yang diadakan di International Convention Center di Yerusalem ia dengan berani menyatakan bahwa Yesus Kristus adalah Mesias dan Juru Selamat. Khotbah-khotbahnya disiarkan ke 176 negara via satelit termasuk GCN TV dan ia terdaftar sebagai satu dari 10 Pemimpin Kristen Paling Berpengaruh tahun 2009 dan 2010 oleh majalah Kristen Rusia terkenal *In Victory* dan agensi baru *Christian Telegraph* untuk pelayanan siaran TV-nya yang penuh kuasa dan pelayanan kependetaan-gereja luar negerinya.

Pada bulan Juni 2018, Gereja Pusat Manmin adalah sebuah jemaat dengan lebih dari 130.000 anggota jemaat dan 11.000 gereja cabang domestik dan luar negeri di seluruh penjuru dunia, dan menugaskan lebih dari 100 misionari ke 26 negara, termasuk Amerika Serikat, Rusia, Jerman, Kanada, Jepang, China, Perancis, India, Kenya, dan banyak lagi.

Sampai hari ini, Dr. Lee telah menulis 112 buku, termasuk yang menjadi bestseller yaitu *Merasakan Hidup Kekal sebelum Mati, Hidupku Imanku, Pesan Salib, Ukuran Iman, Surga I & II, Neraka, Kuasa Allah*, dan tulisannya telah diterjemahkan ke lebih dari 75 bahasa.

Dr. Lee adalah pemimpin bagi banyak asosiasi dan organisasi misionaris. Termasuk posisi: Chairman, The United Holiness Church of Jesus Christ; Permanent President, The World Christianity Revival Mission Association; Founder & Board Chairman, Global Christian Network (GCN); Founder & Board Chairman, World Christian Doctors Network (WCDN); and Founder & Board Chairman, Manmin International Seminary (MIS).

Buku-buku hebat lainnya dari penulis yang sama

Sorga I & II

Sketsa mendetil tentang indahnya lingkungan hidup yang dinikmati oleh warga sorga pada tingkat kelima kerajaan sorga.

Pesan Salib

Pesan kebangunan penuh kuasa bagi semua orang yang tertidur secara rohani Di dalam buku ini Anda akan menemukan kasih sejati Allah dan mengapa Yesus menjadi satu-satunya Juru Selamat.

Neraka

Sebuah pesan yang sungguh-sungguh kepada seluruh umat manusia dari Allah yang tidak ingin satu jiwa pun jatuh ke kedalaman neraka! Anda akan menemukan penjelasan yang belum pernah terungkap sebelumnya mengenai kenyataan kejam tentang Hades dan neraka.

Roh, Jiwa, dan Tubuh I & II

Sebuah buku panduan yang memberi kita pengertian rohani tentang roh, jiwa, dan tubuh dan membantu kita mencaritahu 'diri' seperti apa yang telah kita buat supaya kita dapat memperoleh kuasa untuk mengalahkan kegelapan dan menjadi manusia rohani.

Ukuran Iman

Tempat tinggal seperti apakah, serta mahkota dan upah yang bagaimana yang disediakan bagi Anda di surga? Buku ini memberikan dengan hikmat dan bimbingan bagi Anda untuk mengukur iman Anda dan menanam iman yang terbaik dan paling dewasa.

Bangunlah, Israel!

Mengapa Allah menujukan mata-Nya kepada Israel mulai sejak permulaan dunia sampai hari ini? Apa saja jenis pemeliharaan-Nya yang telah disiapkan untuk Israel di hari-hari terakhir tersebut, yang menantikan akan Mesias?

Hidupku, Imanku I & II

Sebuah aroma spriritual yang menarik dari kehidupan yang mekar dengan kasih tak ada bandingannya kepada Allah, di tengah-tengah gelombang kegelapan, kuk yang dingin dan keputusasaan yang terdalam.

Kuasa Allah

Sebuah bacaan wajib yang menjadi panduan penting tentang bagaimana seseorang dapat memiliki iman sejati dan mengalami kuasa Allah yang ajaib.

www.urimbooks.com

www.ingramcontent.com/pod-product-compliance
Lightning Source LLC
LaVergne TN
LVHW041812060526
838201LV00046B/1226